Pas besoin d'être un cordon bleu confirmé pour réussir les recettes qui suivent. Il faut simplement avoir envie de cuisiner, pour soi, sa famille ou ses amis. Sortez de la routine, c'est le moment d'essayer des plats qui changent un peu et de combiner des saveurs nouvelles. Pas de soucis : la réussite est garantie puisque ces recettes sont déjà « passées trois fois à la casserole » avant de vous être proposées. Alors, à vos fourneaux !

Sommaire

Apprendre à bien nourrir son enfant

Si se nourrir est une fonction vitale, c'est également un des grands plaisirs de la vie. Et ce plaisir, c'est vous qui le transmettrez à vos enfants. Avec un peu de bon sens et une bonne dose d'humour, il vous sera facile de concilier gourmandise et équilibre nutritionnel. La tâche n'est ni ennuyeuse ni ardue, et devient même très gratifiante lorsque l'enfant est en âge de partager la convivialité d'un repas.

Très certainement, votre bébé se montrera souvent indifférent à tous vos efforts… et à tous vos principes alimentaires ! Mais sachez que le premier apprentissage de la nourriture doit être un plaisir et qu'un repas ne doit jamais devenir un exercice de force où vous tentez d'imposer des principes nutritifs alors que les enfants ne demandent qu'à manger.

Ce livre n'a d'autre ambition que de vous donner quelques conseils et idées ; il ne prétend en aucun cas être un manuel de nutrition à suivre au pied de la lettre. Chaque enfant à son caractère propre. L'un raffolera de fromage blanc tandis que l'autre le recrachera allégrement pour montrer sa désapprobation. Évitez de vous fâcher et proposez-lui autre chose. Sachez vous laisser guider par votre enfant et, surtout, évitez de vous inquiéter : un bébé en bonne santé ne se laissera jamais mourir de faim…

Bébés, tout-petits ou adolescents ont très souvent envie de prendre du large par rapport aux principes alimentaires que vous essayez tant bien que mal de leur apprendre. Sans renoncer aux règles d'une alimentation saine, laissez-vous porter par le courant et apprenez-lui le goût des bonnes choses et une saine gourmandise. À long terme, et malgré ce qui peut vous sembler être quelques défaites passagères, vous aurez établi de bonnes habitudes alimentaires qui suivront votre enfant tout au long de sa vie.

Quelques idées pour les mamans

L'arrivée d'un bébé fait souvent oublier aux mamans qu'elles doivent aussi s'occuper d'elles-mêmes ! Leur corps vient d'accomplir un marathon de 9 mois, tout ce que fait le bébé peut leur sembler terrifiant s'il s'agit de leur premier enfant et, plus que tout, elles sont extrêmement fatiguées ! S'occuper d'un nourrisson est très prenant, voire épuisant en raison de nuits souvent entrecoupées de réveils et de tétées. Il est donc indispensable de manger équilibré et de privilégier une nourriture pleine de vitamines pour tenir le coup, surtout pour les femmes qui allaitent.

Les premiers jours, on dort peu, et il peut être tentant de sauter un repas pour faire la sieste. Évitez ce piège car vous n'en serez que plus fatiguée. Si vous êtes trop épuisée pour préparer à manger, essayez au moins de mixer une boisson vitaminée, que vous pourrez boire en plusieurs fois dans la journée. Et si vos proches vous proposent leur aide, demandez-leur de vous de mijoter un bon plat qui vous fait envie et que vous pourrez faire réchauffer ou congeler.

Muffins aux flocons d'avoine, à la banane et aux noix de pécan.

Pommes de terre au thon et au fromage frais.

Muffins aux flocons d'avoine, à la banane et aux noix de pécan

Pour 12 muffins.

Choisir pour cette recette deux grandes bananes (460 g) très mûres. On peut remplacer le sirop d'érable par du miel. Le moule à muffins est un moule américain à douze cavités de tailles diverses que l'on trouve dans les grandes surfaces et les magasins spécialisés.

- **120 g de farine complète avec levure incorporée**
- **150 g de farine avec levure incorporée**
- **60 g de flocons d'avoine**
- **2 c. s. de sirop d'érable**
- **60 g de noix de pécan en très petits morceaux**
- **460 g de bananes écrasées**
- **3 c. s. d'huile**
- **2 œufs légèrement battus**
- **80 ml de lait écrémé**
- **2 c. s. de sirop de sucre roux**
- **12 noix de pécan supplémentaires**

Beurrez un moule à muffins à 12 trous (capacité de 80 ml).

Tamisez les farines dans un large saladier. Ajoutez en mélangeant les flocons d'avoine, le sirop d'érable et les noix de pécan en petits morceaux puis les bananes écrasées et, enfin, l'huile, les œufs, le lait et le sirop de sucre roux. Remuez pour obtenir une consistance homogène. Répartissez la pâte dans les trous du moule à muffins. Faites cuire à four moyen pendant 20 minutes. Laissez refroidir sur une grille.

Pommes de terre au thon et au fromage frais

Pour 2 personnes.

- **2 grosses pommes de terre (600 g)**
- **95 g de thon à l'huile en boîte égoutté et émietté**
- **100 g de fromage frais**
- **2 oignons nouveaux émincés**
- **2 c. c. de petites câpres**
- **1 c. c. de zeste de citron**
- **2 c. s. de persil finement haché**
- **1 gousse d'ail pilée**

Nettoyez bien les pommes de terre. Percez la peau sur toute la surface. Faites cuire pendant 1 heure 30 à four moyen, jusqu'à ce que les pommes de terre soient tendres. Découpez le sommet de chaque pomme de terre une fois refroidie sur une hauteur de 1 cm. Videz l'intérieur et réservez, en laissant une épaisseur de 5 mm à la pomme de terre évidée. Mélangez la chair des pommes de terre avec les ingrédients restants dans un saladier moyen. Répartissez le mélange dans les pommes de terre évidées. Placez ces dernières sur la plaque du four et faites cuire sans couvrir à peu près 15 minutes ou jusqu'à ce qu'elles soient chaudes. Vous pouvez servir avec du yaourt sur le dessus.

Salade de fruits écrasés

Pour 4 tasses (1 l).

- **1 belle mangue découpée en morceaux (600 g)**
- **185 g de pastèque coupée en gros morceaux**
- **1/4 d'ananas moyen coupé en gros morceaux (300 g)**
- **1 c. s. de sucre**
- **1 tasse de jus d'orange (250 ml)**

Mélangez et mixez les fruits et le sucre puis ajoutez le jus d'orange, jusqu'à obtention d'un mélange bien homogène.

Crème de bananes

Pour 2 tasses (500 ml).

- **1 banane moyenne coupée en morceaux (200 g)**
- **180 ml de lait**
- **1 c. s. de yaourt**
- **2 c. s. de miel**
- **1 boule de glace à la vanille (40 g)**
- **4 glaçons à rajouter dans la crème une fois mixée**

Mélangez et mixez tous les ingrédients jusqu'à obtention d'une crème lisse.

Milk-shake aux fruits rouges

Pour 2 tasses (500 ml).

- **150 g de fraises**
- **70 g de framboises**
- **75 g de myrtilles**
- **1 c. s. de yaourt sucré**
- **2 c. c. de sucre**
- **180 ml de lait**
- **1 boule de glace à la vanille (40 g)**

Mélangez ou mixez tous les fruits rouges pour en faire une purée. Passez-les dans une passoire fine au-dessus d'un récipient en verre. Mélangez ou mixez la purée de fruits rouges avec les autres ingrédients jusqu'à obtenir un liquide épais.

Milk-shake aux fruits rouges.

Crème de bananes.

Salade de fruits écrasés.

7

De la naissance à 4 mois :
un bon départ dans la vie

Le lait maternel

Le lait maternel est l'alimentation idéale du nourrisson. Il contient tous les éléments nutritifs dont le bébé a besoin, il est parfaitement stérilisé et toujours disponible à bonne température. Mais il arrive que l'allaitement ne soit pas envisageable. Dans ce cas, on a recours aux laits maternisés, qui sont aujourd'hui

conçus pour être au plus près du lait maternel. Certaines mamans seront sans doute frustrées de ne pouvoir donner le sein. Mais, quel que soit le mode d'alimentation choisi, biberon ou allaitement, l'important c'est de faire du repas de bébé un moment privilégié et d'intimité. Rien ne saurait remplacer cet instant si riche et si fort, qui aide à construire le lien entre une mère et son enfant. Certes, certains bébés ont des comportements déroutants, réclamant à tout moment et bruyamment, tandis que d'autres adoptent très vite des horaires réguliers. Quoi

qu'il en soit, essayez toujours de faire du biberon ou de la tétée un moment de calme, pour profiter au mieux de ce petit être qui ne demande qu'à être pris dans vos bras…

Comment aborder le sevrage

Le lait, voilà tout ce dont le bébé a besoin jusqu'à l'âge de 6 mois. La décision de le sevrer et de lui proposer une alimentation plus solide dépendra donc de vous. Cependant, l'introduction de nouveaux aliments ne pourra se faire que progressivement pour laisser à l'enfant le temps de s'adapter.

Le passage à une nourriture solide peut sembler intimidant, surtout si chacune des personnes à qui vous en parlez se trouve être comme par hasard un expert en la matière… Une cousine pleine de bonnes intentions vous dira qu'un gros bébé comme le vôtre a besoin d'aliments épais pour faire sa nuit. Votre voisine vous affirmera que les céréales ont fait cesser les renvois de son bébé, et une mère rencontrée chez le pédiatre déduira que, si votre bébé suce ses poings, c'est qu'il ne mange pas à sa faim. En fait, il n'y a pas, en la matière, une seule vérité. Laissez-vous guider par votre bébé, par les conseils des professionnels et, surtout, procédez à votre rythme. Après tout, la plupart des gens ont appris à manger, même ceux dont les mères s'affolaient beaucoup !

Commençons par le commencement

Pas besoin d'équipement supplémentaire, quelles que soient les suggestions des magazines féminins. Votre bébé a des goûts simples ! Il vous faudra juste des petites cuillères avec des bords arrondis (le plastique est idéal), un bol incassable et une réserve de biberons. Vous pouvez être sûre d'une chose, c'est qu'il y aura du désordre ! Selon l'âge de l'enfant, vous aurez également besoin d'une chaise haute ou, éventuellement, d'un siège facile à nettoyer.

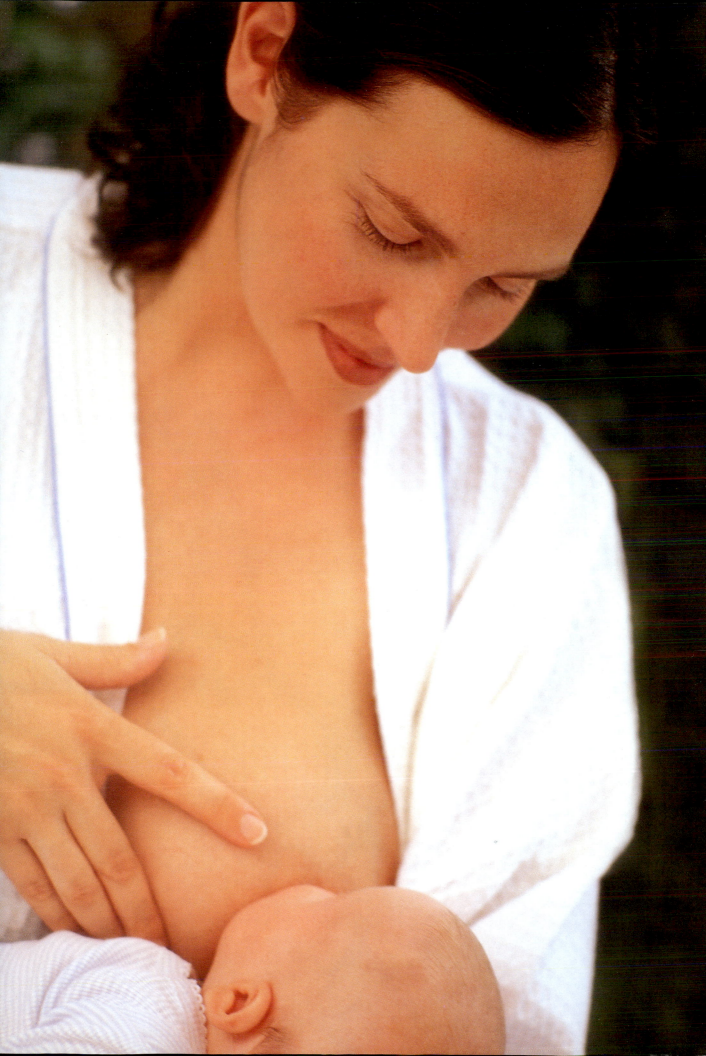

Les enfants un peu plus grands pourront avoir leur propre petite chaise et table, à moins que vous aimiez mieux les voir assis sur un rehausseur à la table des adultes. De toutes manières, il faut que l'enfant mange toujours à la même place. Enfin, ne le laissez pas descendre de table au milieu du repas, et obligez-le à s'asseoir pour qu'il reconnaisse sa place et le rythme du repas.

Le matériel de cuisine

Les robots ménagers et les mixeurs sont très utiles pour préparer la nourriture des bébés, qui préfèrent généralement les purées parfaitement lisses. Cependant, un presse-purée ou un moulin à légumes pourront aussi faire l'affaire. Vous pouvez aussi passer dans une fine passoire des petites portions de nourriture molle pour en éliminer les grumeaux.

Règles d'hygiène

• Lavez-vous soigneusement les mains avant de commencer à préparer le repas de bébé.
• Tous les ustensiles de cuisine doivent être parfaitement propres, mais il n'est pas indispensable de les stériliser.

• Utilisez des planches à découper différentes pour la viande crue et les aliments cuits, pour la volaille et les légumes, afin d'éviter les éventuelles contaminations.
• Lorsque vous préparez des céréales, préparez uniquement la quantité nécessaire au repas et jetez tous les restes.
• Ne gardez JAMAIS les restes du récipient dans lequel vous avez donné à manger à votre enfant, car la salive du bébé aura contaminé la nourriture.

La congélation

• Congelez des portions individuelles dans des bacs à glaçons ou en répartissant des cuillerées sur un plateau propre. Recouvrez-les. Une fois congelées, conditionnez ces portions individuelles dans des sacs de congélation. Fermez hermétiquement, inscrivez la date et placez-les dans le congélateur.
• Ne préparez jamais de grandes quantités de nourriture, vous ne parviendriez pas à tout utiliser.

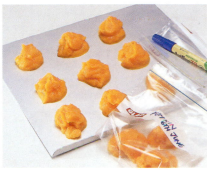

Assurez-vous que la nourriture est consommée vite et la plus ancienne en priorité.
• Ne prenez que le nombre exact de cubes dont vous avez besoin pour chaque repas.
• Faites décongeler les portions dans le réfrigérateur.
• Ne recongelez jamais de la nourriture décongelée.

Réchauffer et cuire au micro-ondes

Le congélateur et le four à micro-ondes sont des équipements idéals pour préparer et conserver la nourriture des jeunes enfants. Rappelez-vous toutefois que les bébés n'aiment pas la nourriture trop chaude. Si les plats ont été mis au réfrigérateur ou congelés, ils devront être brièvement portés à ébullition, puis tiédis avant d'être servis. La nourriture préparée le jour même peut être réchauffée au bain-marie ou passée au micro-ondes.
Si le four à micro-ondes permet de gagner du temps, il faut néanmoins

prendre quelques précautions. La nourriture passée au micro-ondes continue à cuire après avoir été sortie du four, et peut de ce fait être très chaude. Ne servez jamais de la nourriture cuite ou réchauffée au micro-ondes avant de l'avoir goûtée.

Durée maximum de congélation de la nourriture pour bébés

Poisson	3 mois
Abats	1 mois
Viande	3 mois
Volaille	3 mois
Fruits	3 mois
Légumes	3 mois
Soupes	3 mois
Pains et gâteaux	3 mois

Remuez de temps à autre la préparation dans le micro-ondes pour permettre une bonne répartition de la chaleur.
Une fois hors du four, laissez reposer pendant quelques minutes avant de faire manger votre bébé.

Les allergies alimentaires

Il arrive que des bébés ne tolèrent pas certains aliments tels que le gluten ou le lait. Les symptômes des allergies enfantines sont assez variés : œdème ou démangeaison de la gorge ou autour de la bouche, diarrhée, brûlures d'estomac, vomissements, nez qui coule, eczéma, urticaire, rhume des foins ou asthme. Plutôt que de supprimer arbitrairement tel ou tel aliment, demandez toujours conseil à votre pédiatre si vous estimez que votre enfant a un problème.

Certaines allergies peuvent être héréditaires. Si dans votre famille il y a des personnes souffrant ou ayant souffert d'asthme, de rhume des foins, d'eczéma ou de toute autre réaction alimentaire, vous devez vous montrer très prudente en introduisant de nouveaux aliments dans l'alimentation de votre enfant. Cependant, la plupart des petits cessent d'être allergiques avec le temps et cette allergie elle-même peut rester minime.

Les œufs, les arachides, le lait de vache, le blé, les coquillages, les fraises et les colorants artificiels sont des aliments à risque ; il est donc déconseillé de les proposer à un tout-petit. Évitez le lait de vache (sauf dans les laits maternisés) et les produits à base de blé durant les six premiers mois, le blanc d'œuf et les fraises avant 9 mois, voire 1 an, et abandonnez les produits à base d'arachide jusqu'à 1 an (5 ans si un de vos proches présente ou a présenté une allergie à cet aliment). Enfin, veillez à ne pas introduire ces aliments tous en même temps dans le régime alimentaire de l'enfant, et faites-le à petites doses. Si vous remarquez une réaction, patientez un mois avant d'essayer à nouveau cet aliment ou demandez l'avis du médecin.

De **4** à **6** mois : par où commencer ?

Si l'on considère généralement que, jusqu'à 6 mois, un bébé n'a besoin que de lait, voici quelques cas qui justifient d'introduire de la nourriture solide dans le régime alimentaire entre 4 et 6 mois : vous allaitez et votre bébé ne prend plus assez de poids, en dépit de vos efforts pour augmenter les quantités ; vous donnez le biberon et votre bébé semble ne pas manger à sa faim, il réclame souvent et se montre très agité. Si vous avez un doute quelconque sur le moment où vous devez introduire de la nourriture solide, consultez le pédiatre ou une puéricultrice.

Introduire de la nourriture solide

Au début, la nourriture solide doit être proposée après la tétée ou le biberon, car le lait doit rester la source principale d'alimentation. À partir de 6 mois, vous pouvez alterner les deux modes d'alimentation, en veillant à terminer le repas avec un peu de lait. Généralement, la nourriture solide calme mieux la faim que le lait : on la proposera de préférence au repas principal, c'est-à-dire le midi.

Traditionnellement, le premier aliment solide que l'on introduit est le riz, car il est bien toléré. Mais vous pouvez aussi commencer par un peu de fruits ou de légumes en purée, par des bananes mûres écrasées ou encore par de l'avocat écrasé. Quoi qu'il en soit, procédez en plusieurs étapes.

Étape 1 Si vous commencez avec du riz, mélangez une ou deux cuillerées à café de riz cuit avec 15 ml ou 30 ml de lait maternisé ou d'eau bouillie refroidie, jusqu'à obtention d'une texture onctueuse. En utilisant une cuillère avec des bords arrondis (le bol et la cuillère n'ont pas besoin d'être stérilisés), proposez à votre bébé une à deux cuillerées à soupe de riz le jour qui vous conviendra. Portez la cuillère à ses lèvres et laissez-le aspirer la céréale. Ne poussez pas la cuillère dans sa bouche, car il pourrait avoir des nausées. Prenez votre temps, rappelez-vous que, jusqu'à maintenant, votre bébé a sucé sa nourriture et qu'avoir une cuillère dans la bouche est une nouvelle sensation pour lui. Renouvelez l'expérience une fois par jour pendant plusieurs jours.

Étape 2 Si cette première étape est un succès, vous pouvez proposer du riz deux fois par jour, pendant plusieurs jours, en augmentant progressivement les quantités et en épaississant la consistance, jusqu'au moment où il en mangera une ou deux cuillerées à soupe à chaque repas.

S'il refuse le riz, essayez autre chose. S'il le refuse encore, abandonnez une semaine ou deux, en continuant à lui donner du lait, puis essayez à nouveau. Restez calme et rappelez-vous que peu d'adultes ne se nourrissent que de lait !

Étape 3 Ajoutez au riz une petite quantité de fruits (pomme ou poire cuite, banane très mûre écrasée). Progressivement, augmentez les doses jusqu'à servir une quantité égale de fruits en purée et de riz. Si cela est bien toléré, vous pouvez varier en introduisant, lors d'un repas, des légumes en purée. Habituellement, on suggère les pommes de terre, le potiron et la carotte pour commencer. Proposez une à deux cuillerées à café, en augmentant doucement la quantité jusqu'à deux ou trois cuillerées à soupe.

Étape 4 Variez progressivement les légumes et introduisez d'autres aliments pour accoutumer l'enfant à de nouvelles textures et saveurs. Mais jamais plus d'un aliment à la fois. Le même aliment sera proposé pendant plusieurs jours pour être sûr que l'enfant ne fait pas de réaction allergique.

Étape 5 Si bébé est content de manger deux vrais « repas », vous pouvez en ajouter un troisième, de sorte qu'il finira par manger deux à trois cuillerées à soupe de nourriture solide trois fois par jour.

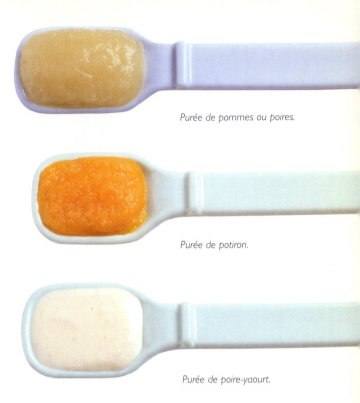

Purée de pommes ou poires.

Purée de potiron.

Purée de poire-yaourt.

Purée de pommes ou de poires

Pour 1/2 tasse (125 ml).

1 pomme moyenne (150 g) ou 1 petite poire (180 g) pelée et en coupée en morceaux

Faites cuire à la vapeur ou au micro-ondes, jusqu'à ce que le fruit soit tendre. Égouttez-le au-dessus d'un petit saladier, réservez une cuillerée à soupe de liquide de cuisson. Mélangez ou mixez le fruit avec le liquide de cuisson ou de l'eau bouillie jusqu'à obtenir une consistance onctueuse.

Conservation Couvrez et conservez au réfrigérateur 2 jours maximum.

Congélation En portions individuelles.

Notre suggestion Mélangez un peu de cette purée de fruits avec du yaourt.

Pommes de terre ou potiron en purée

Pour 1/2 tasse (125 ml).

200 g de pommes de terre ou de potiron épluchés et émincés

Faites cuire à la vapeur ou au micro-ondes les pommes de terre ou le potiron, jusqu'à obtention d'une consistance moelleuse. Mélangez ou mixez avec du lait maternisé ou de l'eau bouillie refroidie jusqu'à obtenir la consistance désirée.

Conservation Couvrez et gardez au réfrigérateur 2 jours maximum.

Congélation En portions individuelles.

Notre suggestion L'avocat en purée est également parfait pour commencer l'apprentissage d'une alimentation solide.

Introduire de nouveaux aliments

Votre enfant grandit et peut désormais manger des aliments de plus en plus variés. S'il fait la moue quand vous lui proposez une saveur nouvelle, n'insistez pas et attendez quelques jours avant de recommencer l'expérience.

Mais vous n'êtes pas pour autant le chef d'un restaurant pour bébés gourmets. Alors ne vous croyez pas tenue d'inventer de nouvelles sensations à chaque repas ! Les bébés se lassent rarement de manger la même chose tant qu'ils n'ont pas la connaissance de saveurs différentes. C'est également vrai pour le sel, car le goût pour cet ingrédient n'est pas inné. Même si vous trouvez fade la nourriture que vous lui préparez, votre enfant pourra en juger différemment. De toute façon, évitez d'introduire du sel dans les repas avant 1 an : un taux de sodium trop élevé est nuisible à sa santé. De même, le sucre doit être utilisé avec modération, car il est préférable de ne pas habituer trop tôt un enfant au sucré.

Purée d'avocat.

Crème à la vanille

Pour 2/3 de tasse (160 ml).

1 c. s. de Maïzena
160 ml de lait maternisé
2 c. c. de sucre
1/4 de c. c. d'essence de vanille

Mélangez la farine de maïs avec une cuillerée à soupe de lait dans un bol jusqu'à obtenir une texture onctueuse. Faites bouillir le lait restant dans une petite casserole. Retirez du feu. Ajoutez le sucre, la vanille et la Maïzena et remuez bien après avoir remis sur le feu, puis portez à ébullition et laissez épaissir. Versez la crème à la vanille dans un petit bol, couvrez. Réfrigérez plusieurs heures ou jusqu'à que le mélange soit ferme.

Conservation Couvrez et conservez au réfrigérateur au maximum 2 jours.

Crème à la vanille.

Purée d'abricots avec bouillie de riz

Pour 1 1/4 tasse (310 ml).

100 g d'abricots secs
375 ml d'eau
2 c. s. de riz cuit mixé
80 ml de lait maternisé tiédi

Mélangez les abricots et l'eau dans une petite casserole. Faites chauffer doucement en couvrant pendant 20 minutes ou jusqu'à ce que les abricots soient tendres. Mixez les abricots et le liquide de cuisson pour obtenir une bouillie lisse.

Mélangez le riz cuit dans un petit saladier avec le lait maternisé. Servez en rajoutant une cuillerée à soupe de purée d'abricots.

Conservation Couvrez la purée et conservez au réfrigérateur 2 jours maximum.

Congélation En portions individuelles (purée de fruits seulement).

Purée d'abricots avec bouillie de riz.

Allergie alimentaire

Certains enfants ayant du mal à digérer le gluten (que l'on trouve dans les produits à base de blé), il est préférable d'éviter cet aliment au cours des six premiers mois. On commencera donc avec de la bouillie de riz. Le soja, le sagou, le maïs et le tapioca peuvent également être utilisés. Le blanc d'œuf peut occasionnellement provoquer une mauvaise réaction. Il est donc préférable d'éviter cet aliment jusqu'à 9 mois.

Semoule à la pomme

Pour 2/3 de tasse (160 ml).

3 c. c. de semoule
80 ml d'eau bouillie refroidie
80 ml de jus de pommes

Mélangez tous les ingrédients dans une petite casserole. Faites mijoter sans couvrir, pendant 2 minutes ou jusqu'à ce que la semoule épaississe légèrement.

Conservation Couvrez et conservez au réfrigérateur 2 jours maximum.

Semoule à la pomme.

Fromage blanc et compote de poires

Pour 1/2 tasse (125 ml).

65 g de fromage frais ou fromage blanc
2 c. s. de compote de poires

Passez le fromage à travers un tamis fin. Dans un saladier, mélangez-le avec la compote de poires jusqu'à obtenir un mélange onctueux. Ajoutez si besoin un peu de lait maternisé ou d'eau bouillie refroidie.

Conservation Couvrez et conservez au réfrigérateur 2 jours maximum.

Fromage blanc et compote de poires.

Les petits pots pour bébés

Les petits pots vendus en magasin sont très pratiques en voyage ou si l'on manque de temps. Ils peuvent être utilisés seuls ou en complément de repas préparés à la maison. Rapides à réchauffer, ils sont également bons pour la santé et les recettes sont diversifiées. Mais ils restent généralement moins économiques que les préparations maison, et les goûts sont souvent assez uniformes, en dépit des promesses annoncées sur l'étiquette…

• Vérifiez toujours les étiquettes avant d'acheter un petit pot pour être certaine de son contenu.

• Jetez le reste du petit pot si vous avez nourri votre enfant directement dans ce contenant. Si, avant de commencer le pot, vous savez qu'il ne sera pas consommé dans sa totalité, retirez une portion, que vous ferez chauffer séparément. Le reste du pot sera rebouché et conservé au réfrigérateur (2 jours maximum).

• Les petits pots en verre peuvent être réchauffés dans une casserole à demi remplie d'eau bouillante ou au micro-ondes ; dans ce cas, n'oubliez pas de retirer le couvercle en métal.

De 6 à 9 mois : découvrir de nouvelles saveurs

Manger commence à être beaucoup plus amusant mais aussi plus salissant ! Votre bébé est maintenant bien assis sur son siège et attend avec impatience l'heure du repas. Même s'il n'est pas encore lassé des céréales et des fruits, vous avez envie de lui faire découvrir de nouvelles saveurs. Maintenant qu'il mange volontiers des aliments solides, le moment est venu d'élargir son expérience de gastronome en herbe. Encore une fois, soyez souple quand vous désirez introduire de nouveaux aliments. Votre enfant n'aimera probablement pas tout ce que vous allez lui proposer, mais n'est-ce pas aussi votre cas ? Premier risque d'affrontement : la texture de sa purée a changé, de lisse elle est devenue plus grumeleuse. Soyez sûre qu'il n'acceptera pas facilement la nouveauté. Ne vous obstinez pas, procédez lentement, et rappelez-vous qu'en variant au maximum les plaisirs, il vous sera plus facile d'offrir une alimentation équilibrée sans vous casser la tête à étudier des tableaux comparatifs sur la valeur nutritionnelle des aliments… Sauf si le pédiatre le déconseille, commencez à proposer de la nourriture solide avant le lait, à l'inverse de ce que vous avez fait jusqu'à présent.

Flocons

Pour 1 tasse (250 ml).

Préparé juste avant le repas, le porridge peut être servi avec du lait froid ou chaud, un peu de sirop d'érable ou de miel, ou une purée de fruits.

30 g de flocons d'avoine
180 ml d'eau ou de lait

Mettez tous les ingrédients dans une petite casserole. Portez à ébullition, remuez pendant 2 minutes ou jusqu'à ce que le mélange épaississe.

Micro-ondes Mettez les ingrédients dans un récipient allant au micro-ondes et couvrez. Faites chauffer à four très chaud environ 2 minutes, jusqu'à ce que le mélange épaississe, en interrompant à mi-cuisson pour remuer la préparation.

Flocons.

Céréales pour le petit déjeuner

Écrasez des céréales entières et incorporez du lait maternisé jusqu'à obtention de la consistance voulue.

Petits toasts

Les bébés se régalent en suçant ou en mâchant ces toasts, découpés dans des tranches de pain de mie.

Mélange au riz

Essayez de mélanger une purée de fruits cuits ou un yaourt à du riz mixé.

Petits toasts.

Céréales pour le petit déjeuner.

Le fer et votre bébé

À partir de 6 mois, les enfants ont besoin d'une alimentation plus riche en fer. Ces besoins sont aisément comblés en incluant de la viande dans les repas de bébé mais pour les familles végétariennes, cela peut se révéler un peu plus compliqué. Le fer est présent dans la plupart des aliments que mangent les bébés (les légumes verts à feuilles, les jaunes d'œufs, les céréales, le pain, les lentilles, par exemple), mais une partie de ce fer n'est pas absorbée par l'organisme.

Si des aliments contenant de la vitamine C (agrumes, kiwi, melon, tomates, brocolis, papaye et poivron) sont consommés en conjonction avec les aliments cités plus haut, l'absorption en est facilitée.

Mélange au riz.

Purée aux trois légumes

Pour 2 tasses (500 ml).

On peut aussi utiliser des haricots verts, des brocolis, des épinards ou du potiron. Cette recette sert de garniture aux autres recettes décrites dans cette page.

- **1 pomme de terre moyenne coupée en gros morceaux (200 g)**
- **1 carotte moyenne coupée en gros morceaux (120 g)**
- **1 courgette moyenne coupée en gros morceaux (120 g)**

Faites cuire les légumes à l'eau, à la vapeur ou encore au micro-ondes jusqu'à ce qu'ils soient tendres puis égouttez-les et réduisez-les en purée au mixeur. Si nécessaire, ajoutez au mélange du lait maternisé ou encore de l'eau bouillie refroidie afin d'obtenir une consistance onctueuse.

Conservation Couvrez et conservez au réfrigérateur 2 jours maximum.

Congélation En portions individuelles.

Purée aux trois légumes avec purée d'agneau poêlé.

Sauce blanche ou sauce au fromage

Pour une 1/2 tasse (125 ml).

Essayez les deux versions de cette sauce avec la purée de légumes pour initier votre enfant à de nouvelles saveurs.

- **20 g de beurre**
- **2 c. c. de farine**
- **125 ml de lait maternisé**
- **1 c. s. de gruyère râpé**

Faites fondre le beurre dans une petite casserole. Ajoutez la farine. Faites chauffer tout en remuant jusqu'à ce que la farine fasse des bulles. Retirez du feu puis introduisez le lait progressivement. Remettez sur le feu en remuant toujours afin de faire bouillir et épaissir le mélange. Ajoutez du fromage selon votre choix. Mélangez la sauce aux légumes en purée.

Conservation Couvrez et conservez au réfrigérateur 2 jours maximum.

Sauce au fromage.

Purée de poisson à la vapeur

Pour 1/2 tasse (125 ml).

- **1 petit filet de poisson (150 g)**

Vérifiez si le filet contient encore des arêtes ou de la peau et retirez-les. Faites chauffer au bain-marie entre deux assiettes au-dessus d'une casserole d'eau, à feu doux environ 5 minutes jusqu'à cuisson complète. Mélangez ou passez au mixeur avec du lait maternisé ou de l'eau bouillie refroidie jusqu'à obtenir la consistance souhaitée.

Servez avec des légumes verts en purée.

Conservation Couvrez et conservez au réfrigérateur 2 jours maximum.

Congélation En portions individuelles.

Purée d'agneau poêlé

Pour 1/4 de tasse (60 ml).

Tout morceau d'agneau maigre provenant d'une côtelette ou d'un gigot. On peut aussi utiliser du bœuf maigre pour cette recette.

- **1/2 c. c. d'huile d'olive**
- **1 côtelette d'agneau dégraissée**

Faites chauffer de l'huile dans une petite poêle puis faites frire la côtelette d'agneau pour qu'elle brunisse des deux côtés, l'intérieur doit être tendre. Détachez l'os de la côtelette refroidie. Mixez avec du lait maternisé ou de l'eau bouillie refroidie jusqu'à obtenir une consistance onctueuse. Peut être servi avec des légumes en purée.

Conservation Couvrez et conservez au réfrigérateur 2 jours maximum.

Congélation En portions individuelles.

Purée de poisson à la vapeur avec purée de légumes verts.

Bouillon de poule

Pour 6 tasses (1,5 l).

Sans le poulet, vous obtenez un bouillon de légumes délicieux et nutritif pour faire des soupes, des sauces ou diluer des purées épaisses.

500 g d'ailes de poulet
3 branches de céleri émincées (225 g)
2 carottes moyennes émincées (250 g)
1 oignon moyen émincé (150 g)
un brin de persil
1 feuille de laurier
2 l d'eau (8 tasses)

Faites cuire tous les ingrédients dans une grande casserole et laissez mijoter à feu doux sans couvrir pendant 1 heure. Égouttez dans une passoire au-dessus d'un grand saladier puis ôtez le poulet et les légumes. Mettez le bouillon au réfrigérateur jusqu'au lendemain. Écumez la graisse figée à la surface du bouillon.

Si le bouillon doit être conservé plus longtemps, il est préférable d'en congeler des petites quantités. Quand vous le réchaufferez, assurez-vous qu'il vient à ébullition avant de l'utiliser.

Conservation Couvrez et conservez au réfrigérateur 2 jours maximum.

Congélation En portions individuelles.

Notre suggestion À manger avec les doigts ! Un os de côtelette d'agneau cuite et refroidie peut faire les délices d'un enfant un peu plus âgé qui pourra le grignoter indéfiniment…

Soupe de légumes et de poulet

Pour 4 tasses (1 l).

2 cuisses de poulet (440 g)
1 l de bouillon de poule (4 tasses) (voir recette précédente)
1 petit oignon émincé (80 g)
1 carotte moyenne émincée (120 g)
1 branche de céleri épluchée et émincée (75 g)
1 petite pomme de terre coupée en morceaux (120 g)
2 c. s. d'orge perlé

Soupe de légumes et de poulet.

Dégraissez le poulet puis ajoutez-le au bouillon dans une casserole moyenne. Portez à ébullition puis faites mijoter à feu doux sans couvrir pendant 30 minutes. Égouttez-le au-dessus d'une grande casserole, puis réservez le poulet et le liquide de cuisson. Détachez la chair des cuisses de poulet et jetez les os. Mettez le poulet, le bouillon, les légumes et l'orge perlé dans la même casserole. Faites chauffer doucement sans couvrir à peu près 15 minutes ou jusqu'à bonne cuisson de l'orge. Mélangez bien ou passez au mixeur jusqu'à obtenir un bouillon épais.

On peut aussi utiliser des pâtes ou du riz à la place de l'orge perlé pour cette recette.

Conversation Couvrez et conservez au réfrigérateur 2 jours maximum.

Congélation En portions individuelles.

Soupe de pommes de terre.

Soupe de pommes de terre

Pour 4 tasses (1 l).

3 pommes de terre moyennes coupées en dés (600 g)
750 ml de bouillon de poule (ou de légumes)

Plongez les pommes de terre dans une casserole moyenne préalablement remplie de bouillon. Portez à ébullition. Faites mijoter à feu doux en couvrant environ 15 minutes ou jusqu'à ce que les pommes de terre soient tendres. Écrasez ou passez au mixeur jusqu'à ce que le tout soit onctueux. Servez avec des petits croûtons de pain grillé pour les enfants un peu plus grands.

Conservation Couvrez et conservez au réfrigérateur 2 jours maximum. Faites réchauffer si nécessaire en diluant avec un peu de bouillon ou de lait maternisé.

Congélation En portions individuelles.

Bouillon de poule.

19

Bouillon de jarret d'agneau

Pour 4 tasses (1 l).

- **1 jarret d'agneau paré**
- **1 pomme de terre moyenne coupée en gros morceaux (200 g)**
- **1 carotte moyenne coupée en gros morceaux (120 g)**
- **1 branche de céleri épluchée et émincée (75 g)**
- **1 c. s. d'orge perlé**
- **1 l d'eau (4 tasses)**

Placez tous les ingrédients dans une casserole moyenne. Faites mijoter en couvrant environ 1 heure ou jusqu'à ce que la viande soit tendre. Retirez de la casserole le jarret d'agneau tiédi, puis détachez la viande du jarret et jetez l'os. Mélangez ou mixez la viande avec les légumes et le liquide de cuisson, par petites quantités, jusqu'à ce que la soupe soit onctueuse.

Conservation Couvrez et conservez au réfrigérateur 2 jours maximum.

Congélation En portions individuelles.

Bouillon de jarret d'agneau.

Aliments à éviter pendant cette période
Le miel, les produits à base d'arachide et les fraises doivent être évités avant l'âge de 1 an car ils peuvent provoquer des allergies chez certains enfants. Évitez également de donner du blanc d'œuf avant 9 mois à 1 an.

Blé aux courgettes et au maïs

Pour 2 tasses (500 ml).

Les spirales ou les coquillettes peuvent remplacer avantageusement le blé concassé.

- **20 g de beurre**
- **1 petite tomate finement émincée (50 g)**
- **1 petite courgette pelée grossièrement (90 g)**
- **60 g de blé concassé**
- **2 c. s. de maïs en boîte**

Faites fondre le beurre dans une petite casserole. Faites cuire la tomate et la courgette en remuant jusqu'à ce que les légumes soient tendres. Pendant ce temps, faites cuire le blé concassé dans une casserole moyenne remplie d'eau bouillante, sans couvrir, et une fois tendre, égouttez-le. Mélangez le blé chauds et les légumes avec le maïs dans un petit saladier.

Conservation Couvrez et conservez au réfrigérateur 2 jours maximum.

Congélation En portions individuelles.

Blé aux courgettes et au maïs.

Compote de fruits

Pour 2 tasses (500 ml).

500 ml d'eau
50 g d'abricots secs
55 g de pruneaux dénoyautés
I petite poire pelée et coupée en quartiers
   émincés grossièrement (180 g)
I bâton de cannelle
I c. s. de sucre roux

Mélangez tous les ingrédients dans une casserole moyenne. Faites mijoter en couvrant environ 20 minutes ou jusqu'à ce que les poires soient tendres. Laissez refroidir. Enlevez le bâton de cannelle. Peut également être servie en purée avec du yaourt.

Conservation Couvrez et conservez au réfrigérateur 2 jours maximum.

Congélation En portions individuelles.

Compote de fruits.

Gelée de fruits

500 ml de jus de fruits
2 feuilles de gélatine

Versez un quart de tasse de jus de fruits dans une tasse. Placez les feuilles de gélatine dans le jus. Installez la tasse dans une petite casserole d'eau frémissante, remuez afin de dissoudre toute la gélatine. Incorporez le mélange gélatineux dans le jus de fruits restant, dans un saladier moyen. Réfrigérez jusqu'à ce que le mélange soit ferme.

Gelée de fruits.

Menus du jour

Ce programme n'inclut que 3 tétées ou 3 biberons, mais vous pouvez l'adapter si votre bébé prend encore du lait quatre ou cinq fois par jour. Les suggestions pour le déjeuner et le dîner sont interchangeables et les horaires donnés purement indicatifs.

Tôt le matin
06 h 00   Tétée ou biberon

Petit déjeuner
08 h 00   Flocons ou céréales
          Toasts grillés
          Jus de fruits dilué

En-cas
10 h 00   Yaourt et fruit
          Eau ou jus
          de fruits dilué

Déjeuner
12 h 30   Pommes de terre
          ou potiron en purée
          Tétée ou biberon

Goûter
16 h 00   Banane écrasée
          Eau ou jus
          de fruits dilué

Dîner
19 h 00   Bouillon de jarret
          d'agneau
          Gelée de fruits

21

De 9 à 12 mois : diversifier les repas

À 9 mois, les premières dents ont généralement percé. C'est aussi l'âge où les bébés adorent manger avec les doigts. Ce type de repas lui permet de découvrir un large éventail de textures et de saveurs, mais aussi de commencer à mieux maîtriser ses gestes. Bien sûr, tout n'ira pas tout seul, et le sol de la cuisine finira souvent maculé de taches. Il vous faudra aussi souvent intervenir, mais laissez votre enfant expérimenter ce type d'alimentation et, s'il le souhaite, proposez-lui une cuillère. Même s'il ne peut encore se passer de votre aide, ce n'est qu'en essayant qu'il apprendra à manger tout seul. Et rassurez-vous : il trouvera toujours le moyen de manger un peu. Il vous suffira, quand le « jeu » l'aura lassé, de prendre le relais pour l'aider à finir son assiette…

Que faire quand un enfant refuse de manger ?

Certains enfants peuvent se montrer difficiles au moment du repas. Soit parce qu'ils n'aiment pas tel ou tel aliment, soit parce qu'ils ont compris que s'ils refusaient de manger, on s'occuperait plus d'eux… Quoi qu'il en soit, il est inutile de s'inquiéter si votre bébé est en bonne santé, car il ne se laissera sûrement pas mourir de faim ! Voici quelques conseils qui pourront vous permettre de passer le cap en cas de difficultés.

• Ne laissez pas votre enfant trop manger ou boire entre les repas.

• Expérimentez différentes saveurs, textures et combinaisons, mais restez souple sur les associations qu'il vous propose : après tout, s'il veut tremper un os de côtelette dans son gâteau de riz, qui s'en soucie ?

• Si votre enfant est un peu difficile et ne veut manger qu'une seule sorte d'aliment, il n'y a pas de mal à le lui resservir sans cesse. Proposez des alternatives, mais ne soyez pas fâchée s'il les refuse.

• Essayez de faire du repas un moment agréable (même si vous êtes très stressée). Une histoire ou une chanson peuvent aider, mais ne vous croyez pas obligée de faire des grimaces et de jeter en l'air des cocottes en papier à chaque bouchée ! Le repas est terminé lorsque l'enfant montre qu'il en a assez ; résistez à la tentation de faire la roue pour lui faire avaler quelques dernières bouchées. Bien rare est l'enfant qui ne saisira pas l'occasion de vous voir recommencer à chaque fois et qui ne vous demandera pas de faire des sauts périlleux en plus !

Müesli

Pour 1 ¹/₂ tasse (375 ml).

Nous avons utilisé des pommes séchées, des abricots et des groseilles dans cette recette mais essayez les raisins, les pêches séchées ou les dattes pour connaître les préférences de votre bébé.

1 portion de céréales écrasées
10 g de paillettes de son
10 g de riz soufflé
75 g de fruits secs de votre choix finement émincés
2 c. c. de noix de coco en poudre

Mélangez tous les ingrédients dans un saladier moyen. Peut être servi avec du lait maternisé ou du yaourt et des fruits frais en petits dés.

Conservation Une semaine maximum au réfrigérateur, dans un récipient hermétique.

Müesli.

Petites crêpes

Pour 20 personnes.

150 g de farine avec levure incorporée
2 c. s. de sucre en poudre
1 œuf légèrement battu
180 ml de lait environ

Mélangez la farine et le sucre dans un saladier moyen. Incorporez l'œuf et battez avec assez de lait pour faire une pâte épaisse et lisse. Huilez une poêle à fond épais et versez plusieurs cuillerées à café de cette pâte. Faites cuire jusqu'à ce que des bulles se forment à la surface des crêpes, puis retournez-les pour faire brunir l'autre côté. Peuvent aussi être servies avec du yaourt et un peu de compote de fruits cuits ou une purée de fruits crus, ou encore une goutte de sirop d'érable.

Conservation 2 jours maximum au réfrigérateur, dans un récipient hermétique.

Petites crêpes.

Biscottes maison

Pour 70 portions.

1 baguette de pain non tranchée

Ôtez la croûte sur toute la surface du pain. Coupez le pain en tranches de 1,5 cm de large puis découpez ces tranches en rectangles de 1,5 cm de large. Placez-les sur la plaque du four, et faites cuire à four très doux environ 1 heure ou jusqu'à ce que le pain soit sec et croustillant.

Conservation Jusqu'à une semaine dans un récipient hermétique.

À partir de 9 mois, un bébé peut intégrer le lait de vache à ses repas, sauf avis contraire du pédiatre.

Muffins aux fruits

Pour 36 muffins.

300 g de farine avec levure incorporée
100 g de sucre roux
80 g de raisins secs
250 ml de lait
125 g de beurre fondu
1 œuf légèrement battu

Beurrez un moule à muffins à 12 trous (40 ml de capacité). Mélangez la farine, le sucre et les raisins secs dans un grand saladier. Incorporez le lait, le beurre et l'œuf : ne battez pas trop (la pâte doit être épaisse et légèrement grumeleuse). Répartissez le mélange dans les trous du moule. Placez les muffins à four moyen environ 15 minutes ou jusqu'à ce qu'ils soient dorés.

Conservation 2 jours maximum dans un récipient hermétique.

Congélation Possible.

Muffins aux fruits.

Notre suggestion Variez le goût de ces muffins en remplaçant les raisins par des abricots secs émincés, des dattes ou des pruneaux dénoyautés, ou une combinaison de plusieurs de ces fruits.

Œuf brouillé.

Œuf brouillé

1 œuf
1 c. s. de lait
1 c. c. de beurre

Battez au fouet l'œuf et le lait dans un petit saladier. Faites chauffer le beurre dans une petite casserole, ajoutez le mélange œuf et lait. Faites cuire à feu doux en remuant doucement jusqu'à ce que les œufs soient cuits. Servez avec des mouillettes beurrées.

Notre suggestion Préparez les œufs brouillés au moment de servir. Cette recette ne peut pas être proposée aux enfants de moins de 9 mois, qui n'ont pas encore inclus l'œuf dans leur alimentation.

Œuf poché.

Menus du jour

Tôt le matin
06 h 00   Tétée ou biberon

Petit déjeuner
08 h 00   Müesli
Toasts grillés
Jus de fruits dilué

En-cas
10 h 00   Muffins
Eau ou jus
de fruits dilué

Déjeuner
12 h 30   Tomate hachée
avec du pain
Tétée ou biberon

Goûter
16 h 00   Banane écrasée
Eau ou jus
de fruits dilué

Dîner
19 h 00   Soupe au poulet
et aux légumes
Crème à la vanille
Tétée
ou
biberon

Œuf poché

Cassez l'œuf dans une petite casserole d'eau frémissante, retirez du feu et couvrez. Laissez reposer 3 minutes ou jusqu'à ce que le blanc d'œuf soit cuit. Ôtez de la casserole avec une écumoire. Servez immédiatement.

Mousse d'avocat

Pour 1/2 tasse (125 ml).

1/2 avocat bien mûr
30 g de gruyère finement râpé
1 c. s. de tomate finement hachée
1 c. c. de yaourt

Mélangez et mixez ou écrasez tous les ingrédients dans un petit saladier. Servez avec des légumes blanchis coupés en frites pour les enfants plus grands ou comme repas pour les plus petits.

Préparez juste avant de servir.

Pain avec tomate hachée

Voilà une délicieuse recette légère pour un enfant plus grand. Mettez des petits dés de pain beurrés sans la croûte dans un saladier. Ajoutez une tomate coupée en petits morceaux, à laquelle vous aurez enlevé la peau et les pépins. Vous pouvez ajouter un peu de fromage râpé, de fromage blanc ou de jambon en dés.

Pain avec tomate hachée et mousse d'avocat.

Pudding à la vanille

Pour 4 personnes.

2 tranches de pain blanc sans la croûte
beurre
310 ml de lait
2 œufs
1 c. s. de sucre en poudre
1/4 de c. c. d'essence de vanille
une pincée de noix de muscade en poudre

Répartissez un peu de beurre sur le pain. Coupez en petits morceaux en forme de triangle. Remplissez de pain quatre ramequins (125 ml) beurrés. Mettez au four. Battez au fouet le lait, les œufs, le sucre et la vanille dans un saladier. Versez le mélange sur le pain et saupoudrez de noix de muscade. Versez assez d'eau bouillante dans les ramequins jusqu'à mi-hauteur des bords. Passez au four sans couvrir à four moyen environ 20 minutes ou jusqu'à ce que le pudding ait pris.

Conservation Couvrez et conservez au réfrigérateur 2 jours maximum.

Notre suggestion Crème anglaise : on peut faire une crème anglaise facilement en battant, dans un saladier qui va au feu, la même quantité d'œufs et de sucre que celle mentionnée ci-dessus, jusqu'à ce que le mélange commence à épaissir. Incorporez en battant au fouet la même quantité de lait chaud et de vanille. Placez le saladier au-dessus d'une casserole à moitié remplie d'eau déjà chaude. Faites cuire en remuant jusqu'à ce que la crème soit assez épaisse pour rester collée sur le dos d'une cuillère. Veillez à ne pas faire bouillir la crème ou à ce que l'eau ne touche pas la base de la casserole car la crème tournerait. Retirez du feu et de la casserole d'eau dès que la crème a épaissi.

Pudding à la vanille.

Riz au lait

Pour 1 personne.

125 ml de lait
2 c. c. de sucre roux
1/4 de tasse de riz blanc

Mélangez le lait et le sucre dans une petite casserole. Portez à ébullition et incorporez le riz. Faites cuire en remuant pendant 5 minutes ou jusqu'à ce que le mélange épaississe. Peut se servir avec quelques fruits frais.

Conservation Couvrez et conservez au réfrigérateur 2 jours maximum.

Riz au lait.

Couscous sucré

Pour 1 personne.

180 ml de lait
1 c. s. de couscous
1 c. c. de sucre
une pincée de cannelle en poudre

Mélangez tous les ingrédients dans une petite casserole. Faites mijoter en remuant environ 12 minutes ou jusqu'à ce que le mélange épaississe. Peut être servi avec des petites tranches de bananes.

Conservation Couvrez et conservez au réfrigérateur 2 jours maximum.

Couscous sucré.

De 12 à 18 mois :
petits en-cas à grignoter

Au début de sa deuxième année, l'enfant peut commencer à prendre certains repas en famille. Vous pouvez soit préparer des plats qui puissent lui convenir sans pour autant frustrer la gourmandise des autres convives, soit lui mijoter quelques en-cas ou des recettes faciles qu'il pourra prendre avec vous. D'ailleurs, le fait de manger avec les « grands » pourra rendre votre enfant plus curieux de nouvelles saveurs. Il peut aussi vouloir être plus indépendant et vous faire la guerre pour que vous le laissiez manger tout seul. Si cela n'était pas le cas, ne le forcez pas : cela viendra en son temps.

Les menus que nous vous proposons ici sont purement indicatifs. À vous de les adapter selon les goûts de votre enfant et vos disponibilités. S'il refuse à grands cris les œufs brouillés, battez avec un fouet l'œuf dans une crème anglaise, et vous obtiendrez la même valeur nutritionnelle. Dès lors qu'il commence à marcher, l'enfant dépense plus d'énergie… et se montre souvent plus affamé. Si le vôtre a besoin de manger davantage et qu'il commence à manger tout seul (petits morceaux par petits morceaux, puis mâche et avale avant d'en remettre dans sa bouche), vous pouvez lui proposer des repas plus complexes.
Si votre enfant a des goûts très classiques, il faudra procéder lentement pour introduire de nouvelles saveurs. Développez en lui une certaine indépendance et, au lieu de lui donner la becquée, mettez-lui une cuillère remplie dans la main et laissez-le l'introduire dans sa bouche tout seul. Il aura l'impression que c'est lui qui décide et cela peut le rendre plus aventureux sur la nourriture.

Mini-galettes de lentilles.

Mini-galettes de lentilles

Pour 16 galettes.

On peut remplacer la patate douce par du potiron ou du potimarron.

50 g de lentilles corail
200 g de patate douce coupée en morceaux
2 c. s. de céleri finement émincé
1/4 de tasse de pomme grossièrement râpée
1/2 gousse d'ail pilée
15 g de miettes de pain rassis
50 g de chapelure

Mettez les lentilles dans une petite casserole d'eau bouillante. Faites-les cuire sans couvrir environ 10 minutes ou jusqu'à ce qu'elles soient tendres puis égouttez-les. Pendant ce temps, faites cuire à la vapeur ou au micro-ondes la patate douce, jusqu'à obtention d'une consistance moelleuse : égouttez-la et écrasez-la pour obtenir une pâte lisse.

Mélangez les lentilles et la patate douce dans un petit saladier avec le céleri, la pomme, l'ail et les miettes de pain : façonnez des cuillerées de ce mélange en galettes. Recouvrez les galettes de chapelure. Placez-les sur la plaque du four, huilez légèrement les galettes et faites cuire à four moyen pendant 15 minutes ou jusqu'à ce que les galettes soient légèrement dorées.

Conservation Couvrez et conservez au réfrigérateur 2 jours maximum.

Congélation Possible.

Raviolis aux épinards et à la ricotta avec miettes de pain beurré

Pour 1 personne.

Proposez diverses autres pâtes farcies à votre enfant.

90 g de raviolis aux épinards et à la ricotta
10 g de beurre
15 g de miettes de pain rassis

Mettez les raviolis dans une casserole moyenne remplie d'eau bouillante. Portez à ébullition sans couvrir jusqu'à obtenir une consistance moelleuse puis égouttez-les.

Pendant ce temps, faites fondre le beurre dans une petite casserole, ajoutez les miettes de pain. Faites cuire en remuant pour faire dorer. Saupoudrez les raviolis de miettes de pains.

Préparez juste avant de servir.

Mini-pommes de terre farcies

Voilà un repas rapide et délicieux. Passez au four, faites cuire à la vapeur ou au micro-ondes des petites pommes de terre jusqu'à ce qu'elles soient tendres. Égouttez-les. Coupez les pommes de terre par moitié : videz un tiers de leur chair puis coupez la base pour qu'elles tiennent à plat sans rouler. Mélangez la chair de la pomme de terre avec une farce de votre choix et remplissez-en les pommes de terre. Proposez à votre enfant les saveurs suivantes :

• œuf dur écrasé mélangé à une bonne cuillerée de mayonnaise allégée
• avocat en purée avec du jambon très finement haché
• haricots blancs à la tomate.

Avocat et jambon.

Œuf dur mayonnaise.

Haricots blancs à la tomate.

Mise en garde On doit toujours surveiller les enfants lorsqu'ils grignotent. À cause du risque d'étouffement, ne pas donner aux enfants de moins de 5 ans des noisettes ou autres petits aliments durs.

Raviolis aux épinards et à la ricotta avec miettes de pain.

Menus du jour

*Saucisses avec légumes
et bouillon de viande.*

Purée de maïs et bouquets de brocolis.

Saucisses avec légumes et bouillon de viande

Pour 2 personnes.

2 petites saucisses aux herbes (160 g)
30 g de petits pois surgelés
4 petites carottes (30 g)
**1 pomme de terre moyenne coupée
en gros morceaux (200 g)**
1 c. c. de beurre
2 c. s. de lait
¼ de bouillon de bœuf en cube
125 ml d'eau

Faites cuire les saucisses sur une grille au four (ou au barbecue) jusqu'à ce qu'elles soient grillées et cuites à l'intérieur. Gardez au chaud.

Faites cuire séparément les légumes à la vapeur ou au micro-ondes jusqu'à ce qu'ils soient tendres. Égouttez-les. Écrasez les pommes de terre avec le beurre et le lait jusqu'à obtenir une purée lisse. Mettez le bouillon cube et l'eau dans une petite casserole. Diluez le cube et portez à ébullition. Faites réduire un peu sans couvrir pendant 2 minutes.

Conservation   Couvrez et conservez au réfrigérateur 2 jours maximum.

Congélation   Possible, mais les saucisses ne doivent pas être cuites.

Purée de maïs et bouquets de brocolis

Pour 2 personnes.

**1 mince tranche de poitrine fumée
ou de bacon finement émincée**
130 g de maïs en boîte
85 g de bouquets de brocolis

Faites chauffer une poêle moyenne. Faites cuire le bacon en le retournant jusqu'à ce qu'il soit grillé. Égouttez-le sur du papier absorbant. Faites réchauffer le maïs dans une casserole moyenne. Ajoutez le bacon et faites réchauffer le tout.

Faites cuire à l'eau, à la vapeur ou encore au micro-ondes les brocolis jusqu'à ce qu'ils soient tendres. Égouttez-les. Placez le maïs et le bacon au centre de l'assiette : disposez les brocolis en couronne.

Conservation   Couvrez et conservez au réfrigérateur 2 jours maximum.

Conchiglie

Mélangez des conchiglie déjà cuits ou toute autre sorte de pâte coquille avec un ou plusieurs des aliments suivants servis chauds ou froids : du fromage blanc, de l'emmenthal râpé, des petits morceaux d'avocat, de tomate ou de jambon. Cela permet à votre enfant de manger avec les doigts même si c'est un peu salissant !

*Conchiglie avec dés de jambon,
d'avocat ou de tomate.*

Gelée

Utilisez des feuilles de gélatine pour préparer ce délice immuable et suivez le mode d'emploi du fabricant.
Vous pouvez aussi utiliser du jus de fruit frais à la place de l'eau, et y ajouter des fruits frais en morceaux (évitez l'ananas car il empêche le gélifiant de prendre).

Banane glacée

Pour 2 personnes.

Voici un substitut de glace délicieux et nutritif qui peut être servi comme goûter ou comme dessert.

Écrasez une banane moyenne, bien mûre, (200 g) dans un petit saladier. Divisez la banane entre deux récipients allant au congélateur. Couvrez. Congelez plusieurs heures ou pendant une nuit. Juste avant de servir, sortez-la du congélateur. Laissez-la se réchauffer un peu pendant 5 minutes. Utilisez une fourchette, battez la banane jusqu'à ce qu'elle soit crémeuse.

Gelée.

Banane glacée.

De 2 à 3 ans :
des repas faciles et rapides

À partir de 2 ans, l'enfant mange la même chose que les grands et parvient, vaille que vaille, à se débrouiller tout seul. Mais il est également enthousiaste, volontaire, et souvent capricieux ; il aime attirer l'attention et pourra refuser un repas rien que pour tester votre résistance. Si vous ne voulez pas que les repas se terminent toujours en drame, ne rentrez pas dans son jeu : s'il refuse sa nourriture, ne lui imposez pas.

Vous pouvez contourner le problème en l'impliquant dans la préparation du repas : s'il vous « aide », peut-être aura-t-il davantage envie de manger « son » œuvre.

Par ailleurs, évitez de le décourager en remplissant trop abondamment son assiette. Proposez-lui de très petites quantités, à sa mesure en quelque sorte, et arrangez-les agréablement dans l'assiette. Ne fabriquez pas la tête d'un bonhomme avec chaque plat, mais essayez juste de le rendre appétissant… et à sa mesure !

Servez-lui les aliments qu'il aime et ne soyez pas gênée de lui servir le même plat que la veille : cela n'a aucune importance et lui-même n'y trouvera rien à redire… Trouvez des substituts aux aliments qu'il n'aime pas plutôt que d'engager une bataille rangée. S'il déteste les légumes, servez-lui plus de fruits ; s'il n'aime pas le lait, essayez le fromage ou le yaourt ; s'il déteste mâcher la viande, proposez-lui de la viande hachée, du poulet ou du poisson.

Et les jours où vous vous sentez complètement dépassée, rappelez-vous – et rappelez-lui – que c'est lui l'enfant et vous l'adulte !

Saucisses de Francfort aux haricots

Pour 2 personnes.

**1 saucisse de Francfort coupée
en petits morceaux (90 g)**
130 g de haricots à la tomate en boîte
**1 tomate moyenne finement
émincée (190 g)**
1 champignon finement émincé
**2 c. s. de poivron rouge découpé
en petits morceaux**
60 ml de lait

Mélangez tous les ingrédients dans une petite casserole. Portez à ébullition. Faites mijoter, sans couvrir, jusqu'à les faire épaissir légèrement. Servez avec du pain croustillant ou des toasts grillés.

Conservation Couvrez et conservez au réfrigérateur 2 jours maximum.

Congélation En portions individuelles.

Saucisses de Francfort aux haricots.

Boulettes au bœuf et aux légumes

Pour 20 boulettes.

250 g de bœuf haché
**1 petite carotte râpée
grossièrement (70 g)**
**1 petite courgette râpée
grossièrement (90 g)**
**1 petite pomme
de terre râpée
grossièrement (120 g)**
**1/2 petit oignon finement
émincé**
1 c. s. de sauce tomate
1 œuf légèrement battu
huile pour friture

Mélangez à la main le bœuf, la carotte, la courgette, la pomme de terre, l'oignon, la sauce et l'œuf dans un grand saladier. Détaillez des cuillerées à soupe de ce mélange et façonnez des boulettes. Faites chauffer l'huile dans une poêle moyenne. Faites frire jusqu'à ce que les boulettes soient dorées des deux côtés et tendres à l'intérieur. Égouttez-les sur du papier absorbant. Servez avec du riz ou des pâtes selon les goûts.

Conservation Le mélange cru peut être conservé couvert au réfrigérateur un jour maximum.

Congélation Pour le mélange cru, en portions individuelles.

Boulettes au bœuf et aux légumes.

Croquettes de poisson

Pour 2 personnes.

1 pomme de terre moyenne (200 g)
105 g de saumon en boîte égoutté
1 œuf légèrement battu
2 c. s. de carotte finement râpée
2 c. s. de courgette finement râpée
2 c. s. de gruyère finement râpé
2 c. s. de farine
2 c. c. d'huile d'olive

Faites cuire à la vapeur ou au micro-ondes la pomme de terre jusqu'à ce qu'elle soit tendre. Égouttez-la. Écrasez-la dans un petit saladier. Laissez-la refroidir. Pendant ce temps, ôtez les arêtes du saumon. Mélangez le saumon, l'œuf, la carotte, la courgette et le fromage avec la pomme de terre. Formez des croquettes avec des cuillerées de ce mélange. Roulez les croquettes dans la farine en vous assurant qu'il n'y en a pas trop. Faites chauffer l'huile dans une petite poêle qui n'attache pas. Faites cuire les croquettes et faites-les dorer sur toute leur surface. Égouttez-les sur du papier absorbant. Servez avec du citron, des quartiers de tomate et des petits carrés de pain de mie.

Conservation Le mélange cru peut être conservé couvert au réfrigérateur un jour maximum.

Congélation Pour le mélange cru, en portions individuelles.

Notre suggestion Vous pouvez utiliser du thon en boîte ou un filet de poisson cuit à la vapeur (merlan, cabillaud).

Croquettes de poisson.

Pizza

Pour 2 à 4 personnes.

un morceau de pâte à pizza prête de 16 cm x 20 cm
160 ml de sauce tomate en bocal
1 petite tomate coupée en deux et émincée (190 g)
1 petit poivron rouge finement émincé (150 g)
60 g de champignons finement émincés
85 g de jambon en petits dés
110 g de morceaux d'ananas en boîte égouttés
125 g de gruyère grossièrement râpé
100 g de mozzarella râpée

Coupez la pâte à pizza en deux horizontalement. Placez-la, côté mie sur le dessus, sur la plaque du four huilée. Tartinez de sauce. Garnissez avec les autres ingrédients. Faites cuire à four moyen environ 15 minutes et faites dorer légèrement. Coupez en petits rectangles.

Préparez juste avant de servir.

Notre suggestion Vous pouvez utiliser du bœuf haché ou toute autre viande cuite hachée, et remplacer la pâte à pizza par de la baguette de pain coupée en deux dans le sens de la longueur.

Pizza.

Hamburgers triangulaires.

Hamburgers triangulaires

Pour 2 à 4 personnes.

250 g de bœuf haché
35 g de miettes de pain rassis
1 œuf légèrement battu
1 c. s. de persil finement haché
2 c. c. d'huile d'olive
2 lamelles d'emmenthal
2 morceaux de pita
2 c. s. de sauce tomate

Mélangez le bœuf, les miettes de pain, l'œuf, et le persil dans un saladier moyen. Façonnez deux boulettes. Faites chauffer l'huile dans une casserole moyenne. Faites dorer les boulettes et assurez-vous qu'elles sont bien tendres à l'intérieur. Placez le fromage sur les boulettes pendant les cinq dernières minutes de la cuisson. Découpez la pita en deux, tartinez les deux moitiés de sauce tomate. Surmontez des boulettes et de la pita restante. Coupez en triangles et servez avec de la salade et des quartiers de pommes de terre croustillantes.

Conservation Le mélange cru peut être conservé, couvert au réfrigérateur un jour maximum.

Congélation Pour le mélange cru, en portions individuelles.

Notre suggestion Pour préparer les quartiers de pommes de terre, grattez quatre petites pommes de terre. Séchez-les avec du papier absorbant, coupez-les en quartiers. Placez les triangles sur la plaque du four huilée sur toute sa surface avec l'huile d'olive. Passez-les au four chaud sans couvrir, environ 45 minutes ou jusqu'à ce qu'ils soient dorés. On peut remplacer la pita par du pain plat ou du pain rond pour hamburger.

Macaronis au fromage ; riz au bœuf et aux légumes.

Macaronis au fromage

Pour 1 personne.

*Il est possible d'utiliser pour cette recette,
à la place des macaronis, des spirales
ou des coquillettes.*

- **30 g de beurre**
- **1 c. s. de farine**
- **250 ml de lait**
- **60 g de gruyère grossièrement râpé**
- **1/3 de tasse de macaronis cuits**

Faites fondre le beurre dans une petite
poêle, ajoutez la farine. Faites cuire
en remuant jusqu'à ce que le mélange
épaississe et fasse des bulles. Ajoutez
progressivement le lait. Remuez
en portant à ébullition, le mélange
doit épaissir. Ajoutez le fromage et
les macaronis. Faites chauffer jusqu'à
ce que le fromage fonde et que tout
le mélange soit chaud. On peut garnir
avec des petits morceaux de tomate.

Conservation Couvrez et conservez
au réfrigérateur 2 jours maximum.

Notre suggestion Disposez les macaronis
dans un plat allant au four. Garnissez de
petites tranches de bacon grillé, de petits
morceaux de tomate, de gruyère râpé et
de miettes de pain frais. Faites cuire à four
moyen pendant 10 minutes pour faire
dorer légèrement.

Riz au bœuf et aux légumes

Pour 1 personne.

*Il faut 2 1/2 cuillerées à soupe de riz blanc
pour faire une 1/2 tasse de riz cuit.*

- **2 c. c. d'huile d'olive**
- **60 g de bœuf haché**
- **1 tomate olivette moyenne finement
  émincée (190 g)**
- **1 champignon finement émincé**
- **1/4 de tasse de petits pois surgelés**
- **1/2 tasse de riz blanc cuit**
- **30 g de gruyère grossièrement râpé**

Faites chauffer l'huile dans une petite
poêle. Faites cuire le bœuf en remuant
jusqu'à obtenir une couleur brune. Ajoutez
la tomate, le champignon et les petits pois.
Faites cuire en remuant jusqu'à ce que les
légumes soient tendres. Incorporez le riz.
Saupoudrez de fromage.

Conservation Couvrez et conservez
au réfrigérateur 2 jours maximum.

Congélation En portions individuelles.

Notre suggestion Accommodez cette
recette en une variante de riz cantonais.
Dans une poêle moyenne, faites chauffer
des petites quantités de jambon en dés,
des oignons émincés et des petits épis
de maïs en boîte égouttés. Ajoutez du riz
cuit avec un peu de sauce au soja. Vous
pouvez aussi mélanger des restes de
légumes ou de jardinière de légumes
avec le riz cuit.

Fish'n chips

Pour 1 personne.

- **40 g de farine**
- **1 c. s. de lait**
- **2 c. s. d'eau**
- **1 pomme de terre moyenne (200 g)
  huile pour friture**
- **125 g de filets de poisson blanc
  sans arêtes (colin, cabillaud)**

Mettez la farine dans un petit saladier,
incorporez progressivement le lait et
l'eau. Couvrez et laissez reposer la pâte
10 minutes.

Coupez la pomme de terre en tranches de
1 cm puis coupez les tranches en lamelles
de 1 cm. Rincez ces frites sous l'eau froide,
égouttez-les. Séchez-les avec du papier
absorbant. Plongez les frites dans l'huile
et faites dorer légèrement. Égouttez-les
sur du papier absorbant.

Pendant ce temps, ôtez toute arête ou
morceau de peau qui resterait dans le filet
de poisson. Coupez le poisson en petits
morceaux. Trempez-le dans la pâte puis
égouttez la pâte en excédent. Plongez le
poisson dans l'huile et faites cuire jusqu'à
ce que l'intérieur soit tendre et la surface
dorée. Égouttez-le sur du papier absorbant.

On peut servir les fritures avec de
la mayonnaise dans laquelle on pourra
les tremper. Servez avec de la salade
et du pain croustillant.

Préparez juste avant de servir.

Bien que ce ne soit pas chose facile,
essayez de ne pas trop récompenser votre enfant avec des
sucreries. Il est en effet tentant de dire : « Si tu manges cette
énorme assiette d'épinards, tu pourras manger ce gâteau. »
Mettez-vous à la place de l'enfant : vous êtes en train de dire
que le gâteau est plus appétissant que les légumes. Quel enfant
de 2 ans résisterait à l'appel des sucreries ? Il ne veut plus avaler
ses épinards et vous refusez de lui donner le gâteau, la guerre
est déclarée ! La solution ? Servez-lui un dessert nutritif et
légèrement sucré et s'il veut le manger en premier parfois, ce
n'est pas si grave.

Minestrone.

Minestrone

Pour 4 à 6 personnes.

*Cette soupe peut être servie mixée pour
les plus petits.*

- **1 c. s. d'huile d'olive**
- **1 petit oignon finement émincé (80 g)**
- **1 tranche de poitrine fumée finement
tranchée**
- **1 branche de céleri finement émincée
(75 g)**
- **1 carotte moyenne finement émincée
(120 g)**
- **1 pomme de terre moyenne finement
émincée (120 g)**
- **1 courgette moyenne finement
émincée (120 g)**
- **425 g de tomates pelées en boîte**
- **300 g de haricots rouges en boîte
égouttés**
- **250 ml d'eau**
- **1/2 tasse de macaronis ou de rigatoni**
- **30 g de gruyère grossièrement râpé**

Faites chauffer l'huile dans une grande poêle.
Faites frire l'oignon et le bacon en remuant
jusqu'à ce que l'oignon soit tendre. Ajoutez
le céleri, la carotte, la pomme de terre et
la courgette. Faites cuire en remuant de
temps en temps jusqu'à ce que les légumes
commencent à être tendres. Ajoutez les
tomates écrasées non égouttées, les haricots
rouges, l'eau et les pâtes. Faites mijoter en
couvrant pendant 20 minutes
ou jusqu'à bonne cuisson des pâtes et des
légumes. On peut servir avec du fromage
râpé et des croûtons faits maison.

Conservation Couvrez et conservez
au réfrigérateur 2 jours maximum.

Congélation En portions individuelles.

Notre suggestion Les tout-petits adorent
participer à la confection de leur repas :
laissez-les incorporer le fromage et les
croûtons dans le minestrone. Faites des
croûtons en coupant simplement des toasts
grillés en petits cube. Si vous préférez la
méthode traditionnelle, faites griller à four
moyen des dés de pain sans la croûte environ 10 minutes ou faites-les frire dans un
mélange beurre-huile. Laissez-les dorer,
puis égouttez-les sur du papier absorbant.

Fish'n chips.

35

Ragoût gratiné.

Tartelettes aux légumes avec croûtes de riz

Pour 12 tartelettes.

Vous aurez besoin de 130 g de riz blanc cru pour les croûtes de riz dorées.

^{1}/$_2$ tasse de riz blanc cuit
2 c. s. de parmesan finement râpé
1 jaune d'œuf

Garniture

20 g de beurre
50 g de champignons de Paris finement émincés
1 petite courgette râpée grossièrement (90 g)
^{1}/$_2$ petite tomate finement émincée (60 g)
100 g de fromage blanc
1 jaune d'œuf

Beurrez un moule à muffins à 12 trous. Mélangez le riz, le fromage et le jaune d'œuf dans un petit saladier. Remplissez la base de chaque trou du moule avec une cuillerée à soupe de ce mélange. Ajoutez de la garniture dans cette coquille de riz. Faites cuire à four moyen environ 25 minutes jusqu'à ce que la garniture soit ferme et la coquille de riz dorée.

Ragoût gratiné

Pour 2 ou 3 personnes.

30 g de beurre
1 c. s. de farine
250 ml de lait
120 g de viande rouge ou blanche émincée
150 g de légumes cuits émincés
15 g de miettes de pain rassis
75 g de gruyère râpé grossièrement

Faites chauffer le beurre dans une petite casserole, ajoutez la farine. Faites chauffer en remuant jusqu'à ce que la farine épaississe et fasse des bulles. Incorporez le lait progressivement. Remuez sans cesse jusqu'à ce que la sauce bouille et épaississe. Placez la viande et les légumes dans un plat allant au four peu profond contenant environ deux tasses (500 ml). Répartissez la sauce sur le dessus. Saupoudrez de miettes de pain et de fromage râpé. Faites cuire à four moyen sans couvrir pendant environ 20 minutes ou jusqu'à ce que la préparation soit chaude à l'intérieur et dorée en surface.

Préparez immédiatement avant de servir.

Aussi facile qu'une tarte

Placez des restes de tourte à la viande hachée, de sauce bolognaise ou un reste de viande et de légumes au curry pas trop épicés dans un ramequin : garnissez le sommet d'un petit rond de pâte feuilletée. Badigeonnez la pâte avec du lait. Percez cette pâte pour laisser passer l'air. Faites cuire à four chaud 10 minutes ou jusqu'à ce que l'intérieur soit bien chaud et la surface dorée.

Tourte de viande hachée et petits légumes.

Tartelettes de légumes avec croûtes de riz.

Garniture Faites chauffer le beurre dans une petite poêle. Faites frire les champignons, la courgette et la tomate en remuant jusqu'à ce que les légumes soient tendres. Retirez du feu. Incorporez le fromage blanc et le jaune d'œuf.

Conservation Couvrez et conservez au réfrigérateur 2 jours maximum.

Congélation En portions individuelles.

Tartines

Longtemps banni par certains nutritionnistes, le pain est pourtant un aliment essentiel et sain. Il en existe aujourd'hui de toutes les sortes, il n'y a donc pas de raison de se limiter au pain blanc. Laissez votre enfant goûter au pain complet, au pain de seigle, au pain aux noix, à la baguette croustillante ou à la fougasse, aux muffins, aux bagels, au pain libanais ou à la pita ! Tous ces pains peuvent être garnis ou tartinés avec les aliments que votre enfant adore. Nous vous proposons ici quelques recettes originales, mais vous pouvez aussi en inventer mille autres en tenant compte des goûts de votre gastronome en culotte courte. Sachez également que les tartines garnies sont un excellent moyen de faire accepter salades et légumes que les petits refusent souvent en grandissant.

Garnitures pour tartines froides
Lamelles de fromage avec de la tomate.
Avocat en purée et pousses de soja.
Jambon blanc, blanc de poulet ou autre viande froide.
Fromage blanc et raisins secs avec du miel.
Thon, céleri et mayonnaise.
Banane avec beurre de cacahuètes et miel.
Beurre de cacahuètes avec carotte finement râpée et raisins secs.
Beurre d'anchois.

Garnitures pour tartines grillées
Jambon, ananas et fromage.
Haricots à la tomate et fromage.
Maïs ou petits épis de maïs avec du gruyère finement râpé.
Sardines et sauce tomate.
Cannelle et sucre.

L'œuf, c'est si bon !

Omelette au bacon et aux légumes

Pour 1 personne.

- **10 g de beurre**
- **1/2 tranche de bacon ou une tranche très fine de poitrine fumée émincée**
- **1 c. c. de lait ou d'eau**
- **1 œuf légèrement battu**
- **40 g de poulet cuit coupé en petits morceaux**
- **1 c. c. de maïs en boîte**
- **1 c. c. de petits pois surgelés décongelés et cuits**
- **30 g de gruyère grossièrement râpé**

Faites chauffer le beurre dans une petite poêle qui n'attache pas. Faites cuire le bacon en le retournant jusqu'à ce qu'il soit croustillant. Versez le lait et l'œuf dans la poêle. Faites cuire à feu moyen en basculant de temps en temps la poêle jusqu'à ce que le mélange commence à prendre. Répartissez les ingrédients restants sur l'omelette et pliez-la en deux. Faites cuire sans couvrir environ une minute ou variez selon les goûts pour une omelette plus ou moins ferme. Lorsqu'elle est prête, saupoudrez-la de fromage râpé et pliez-la en deux.

On peut la servir avec des morceaux de tomate, de la laitue et des petits toasts en triangles.

Préparez immédiatement avant de servir.

Pain grillé.

Omelette au bacon et aux légumes.

Pain grillé

Pour 1 personne.

2 tranches de pain
1 œuf
1 c. s. de lait
20 g de beurre

Ôtez la croûte du pain. Coupez chaque tranche en quatre triangles. Fouettez l'œuf et le lait dans un petit saladier. Faites chauffer le beurre dans une casserole moyenne et faites tremper les triangles un par un dans le mélange à l'œuf. Faites dorer les deux côtés. On peut servir avec quelques gouttes de sirop d'érable ou de miel.

Préparez juste avant de servir.

Œuf à la florentine

Pour 1 personne.

20 g de beurre
2 c. c. de farine
125 ml de lait
30 g de gruyère grossièrement râpé
60 g d'épinards surgelés décongelés
1 œuf
1 c. s. de gruyère supplémentaire grossièrement râpé

Faites chauffer le beurre dans une petite poêle, ajoutez la farine. Faites chauffer en remuant jusqu'à ce que la préparation épaississe et fasse des bulles. Incorporez le lait progressivement et portez à ébullition, puis ajoutez le fromage. Pressez les épinards avec les mains pour en extraire autant de liquide que possible. Placez les épinards dans un ramequin (125 ml). Creusez un peu les épinards avec le dos d'une cuillère. Cassez un œuf dessus et rajoutez une cuillerée à soupe de sauce, saupoudrez de fromage râpé. Faites cuire à four moyen sans couvrir environ 10 minutes ou jusqu'à ce que l'œuf ait pris.

Préparez juste avant de servir.

*Œufs brouillés
aux légumes.*

Œufs brouillés aux légumes

Pour 1 personne.

20 g de beurre
50 g de jambon maigre coupé en petits dés
2 petits champignons de Paris finement émincés
1 c. s. de tomate finement hachée
1 œuf légèrement battu
1 c. s. de lait
2 c. s. de gruyère grossièrement râpé

Faites chauffer le beurre dans une petite poêle. Faites cuire le jambon et les champignons en remuant jusqu'à ce que le jambon soit doré. Ajoutez la tomate et le mélange œuf et lait. Faites cuire à feu doux en remuant. Rajoutez le fromage et faire prendre le mélange. Servez avec des triangles de pain grillé beurrés.

Préparez juste avant de servir.

Œuf à la florentine.

39

Hachis mexicain.

Hachis mexicain

Pour 1 à 2 personnes.

On peut remplacer la tortilla par des chips au maïs que l'on trouve dans les grandes surfaces et les épiceries fines. Dans cette recette, si vous les utilisez, vous les ferez chauffer très brièvement au four pour les réchauffer.

2 c. c. d'huile d'olive
125 g de viande de bœuf hachée
60 ml de bouillon de bœuf
1 c. s. de sauce tomate
une moitié de tortilla
1/4 de tasse de laitue découpée en fines lanières
1/4 de tasse de tomates finement émincées
2 c. s. de gruyère finement râpé

Faites chauffer l'huile dans une petite poêle. Faites brunir le bœuf haché en remuant. Ajoutez le bouillon de bœuf et la sauce tomate et faites mijoter sans couvrir environ 5 minutes ou jusqu'à ce que le bouillon ait réduit presque en totalité. Coupez la tortilla en triangles. Faites cuire à four moyen pendant 2 minutes ou jusqu'à ce que les triangles commencent à être croustillants. Servez le bœuf haché garni de salade, de tomate, du fromage et des triangles de tortilla.

Préparez juste avant de servir.

Quand un sandwich cesse d'être un sandwich…

Les sandwichs sont une vraie bénédiction pour les mamans pressées ou débordées. Rapides à préparer, nourrissants, faciles à manger, ils sont souvent mieux appréciés que les simples tartines.

La garniture la plus courante reste le fromage, mais on peut proposer toutes sortes de combinaisons exotiques et savoureuses. À tester en famille pour rendre l'expérience encore plus amusante. Avec leurs bords soudés et croustillants, les paninis forment un repas complet et équilibré que votre enfant mangera avec plaisir.

Pour faire un panini Tartinez de beurre deux tranches de pain. Placez la garniture choisie sur le côté non beurré d'une tranche et couvrez avec l'autre tranche, le côté beurré au-dessus. Placez le sandwich dans une machine électrique à croque-monsieur. Faites dorer. Laissez refroidir 10 minutes avant de servir car la garniture sera très chaude. Servez avec de la salade (c'est peut-être un peu optimiste, mais ça vaut le coup d'essayer).

Le rôti du dimanche
Des restes de rôti, des légumes et du jus de viande. N'oubliez pas d'émincer les ingrédients solides en tout petits morceaux.

Le poulet royal
Blanc de poulet émincé avec des carottes finement râpées, des petits dés d'avocat et de la mayonnaise.

Rouleaux de Hawaii
Jambon maigre, ananas écrasé bien égoutté, maïs.

Panini bolognaise
Viande hachée et parmesan râpé.

Saumon suprême
Saumon rose en boîte, avocat en dés, tomate émincée, fromage frais à tartiner.

Surprise aux noisettes
Nutella, abricots secs en morceaux, fromage blanc.

Vermicelles de riz.

Macaronis.

Rigatoni.

Nouilles chinoises.

Coquilles escargots.

Petites coquilles.

Spirales.

Pipe rigate.

Nouilles aux œufs.

Papillons

Vermicelles.

Nouilles au poulet

Pour 1 personne.

- 1/2 paquet de 85 g de nouilles chinoises parfumées au poulet
- 250 ml d'eau bouillante
- 1 c. c. d'huile
- 1 oignon nouveau émincé
- 1 morceau de blanc de poulet émincé (110 g)
- 3 haricots mange-tout découpés en petits morceaux
- 3 haricots verts découpés en petits morceaux
- 1/4 de tasse de carottes en rondelles
- 1/4 de tasse de courgettes en rondelles
- 2 c. c. de sauce de soja

Mettez les nouilles et l'eau bouillante dans un petit saladier et laissez tremper 2 minutes. Ajoutez la moitié du sachet de parfum au poulet. Égouttez-les au-dessus d'un petit saladier, réservez 60 ml du liquide (un quart de tasse). Faites chauffer l'huile dans un wok ou dans une poêle moyenne. Faites dorer l'oignon et le poulet en le remuant régulièrement jusqu'à ce qu'ils soient tendres. Retirez-les du wok. Couvrez pour garder au chaud. Mettez les légumes dans le wok et faites frire en remuant régulièrement pendant 3 minutes ou jusqu'à ce qu'ils soient tendres. Remettez le poulet dans le wok avec les nouilles, le liquide réservé et la sauce de soja. Faites frire en remuant régulièrement jusqu'à ce que tous les ingrédients soient bien chauds.

Préparez juste avant de servir.

Rouleaux de printemps

Pour 12 rouleaux.

- 2 c. c. d'huile d'olive
- 3 oignons nouveaux finement émincés
- 1 petite carotte finement râpée (70 g)
- 1 petite courgette grossièrement râpée (90 g)
- 60 g de chou blanc finement haché
- 20 g de choux de Bruxelles
- 125 g d'agneau haché
- 90 g de gruyère grossièrement râpé
- 12 feuilles de riz
- 60 ml d'huile d'olive supplémentaires

Faites chauffer l'huile dans un wok ou dans une poêle moyenne. Faites sauter en remuant l'oignon, la carotte, la courgette, le chou et les choux de Bruxelles pendant 2 minutes. Ajoutez l'agneau, faites sauter en remuant jusqu'à ce qu'il soit bien doré et tendre. Retirez du feu, et ajoutez le fromage. Couvrez les feuilles de riz d'un linge de cuisine humide afin qu'elles ne sèchent pas. Prenez une feuille, badigeonnez-la avec un peu d'huile d'olive, pliez-la en deux dans le sens de la longueur puis encore en deux dans le sens de la largeur. Pliez-la encore une fois pour former un rectangle de 11 cm sur 14 cm. Badigeonnez-la encore d'huile. Placez une cuillerée à soupe bien pleine de garniture sur chaque carré. Roulez et repliez les extrémités. Badigeonnez légèrement d'huile avant de les placer sur la plaque du four huilée. Répétez l'opération avec les autres feuilles de riz. Faites cuire à four moyen pendant 15 minutes ou jusqu'à ce que les rouleaux soient bien dorés. On peut servir avec de la sauce tomate ou aigre-douce.

Conservation Le mélange cru peut être conservé, couvert, au réfrigérateur plusieurs heures avant la cuisson.

Congélation En portions crues individuelles.

Notre suggestion On peut remplacer l'agneau par du poulet.

Nouilles au poulet.

Pâtes au saumon et aux brocolis.

Rouleaux de printemps.

Pâtes au saumon et aux brocolis

Pour 1 personne.

Nous avons utilisé des nouilles papillons (farfalle) mais vous pouvez utiliser toutes les pâtes de même format pour cette recette comme les rigatoni ou les conchiglie. Pour le saumon, on peut également utiliser des tranches de saumon rose individuelles surgelées que l'on cuira à la poêle pendant 8 minutes avant de les ajouter à la recette.

**2 c. c. de beurre
1 oignon nouveau finement émincé
2 c. s. de brocolis finement émincés
1 c. s. d'eau
1 c. s. de fromage frais à tartiner
1 c. s. de saumon rose en boîte
45 g de pâtes**

Faites chauffer le beurre dans une petite poêle. Faites cuire l'oignon, les brocolis avec l'eau en remuant jusqu'à ce que les brocolis soient tendres. Ajoutez le fromage frais. Faites cuire en remuant jusqu'à ce qu'il ait fondu. Incorporez le saumon. Pendant ce temps, faites cuire les pâtes sans couvrir jusqu'à ce qu'elles soient *al dente*. Égouttez-les. Incorporez lentement les pâtes avec le mélange au saumon dans un petit saladier.

Préparez juste avant de servir.

Glace simple.

Glace simple

Pour 8 personnes.

600 ml de crème
400 g de lait concentré en boîte (300 ml)
1 c. c. d'essence de vanille

Battez la crème avec un mixeur électrique dans un petit saladier jusqu'à obtenir une consistance mousseuse mais ferme qui colle au mixeur. Incorporez doucement le lait et la vanille. Versez le mélange dans un moule à gâteau carré de 19 cm de côté, couvrez avec du papier aluminium. Mettez au congélateur pendant une nuit ou bien jusqu'à ce que le mélange soit ferme.

Notre suggestion Incorporez du chocolat râpé ou de la compote de fruits juste avant de mettre au congélateur.

Yaourt glacé

Écrasez 1/2 tasse de fruits frais de votre choix. Mélangez à 200 g de yaourt à la vanille dans un petit saladier. Versez dans un récipient qui va au congélateur. Laissez au congélateur une nuit ou bien jusqu'à obtenir une consistance ferme.

Salade de fruits

Découpez en morceaux un assortiment de vos fruits de saison préférés afin de faire un plat à manger avec les doigts pour votre enfant. On peut servir avec de la crème anglaise ou du yaourt.

Notre suggestion Choisissez de préférence des raisins sans pépins, ou coupez en deux les grains de raisins et ôtez les pépins pour les enfants de moins de 4 ans.

Salade de fruits.

Le yaourt glacé, quel délice !

Manger avec les doigts

Pâté au saumon express.

Ces recettes sont conçues pour varier l'éventail des plats que votre enfant peut maintenant manger. Les en-cas peuvent être la base d'un repas complet et tous ceux que nous vous proposons répondent au critère du tout-petit : ils peuvent être mangés avec les doigts ! Vous pourrez aussi les proposer au goûter : après tout, avoir 2 ou 3 ans, cela demande énormément d'énergie ! Un en-cas nourrissant est également le bienvenu si votre enfant a besoin de manger souvent de petites quantités de nourriture plutôt que de faire de grands repas.

Pâté au saumon express

Pour 1 tasse de pâté.

C'est une recette aux ressources multiples. Vous pouvez la servir sur des toasts au petit déjeuner, comme garniture de sandwich au déjeuner, ou mélangée à des pâtes chaudes pour le dîner.

105 g de saumon rose en boîte égoutté
60 g de fromage frais à tartiner
60 ml de mayonnaise
2 c. c. de jus de citron
2 c. c. de persil haché
40 g de beurre ramolli
6 tranches de pain aux six céréales

Retirez les arêtes et la peau du saumon puis mixez-le avec le fromage, la mayonnaise, le jus, le persil et le beurre afin d'obtenir une purée lisse. Découpez la croûte du pain. À l'aide d'un rouleau à pâtisserie, aplatissez le pain. Coupez chaque tranche de pain en quatre triangles et placez-les sur la plaque du four.

Faites griller à four moyen environ 15 minutes ou jusqu'à ce que les toasts soient bruns et croustillants. Laissez refroidir sur une grille. Servez le pâté sur les toasts en triangle.

Conservation Le pâté se conserve couvert au réfrigérateur, 2 jours maximum. Les toasts se conservent jusqu'à une semaine dans un récipient hermétique.

Pop-corn

Pour environ 5 tasses.

1 c. s. d'huile
55 g de maïs à pop-corn

Faites chauffer l'huile à feu doux dans une grande poêle, ajoutez le maïs. Couvrez hermétiquement, en remuant de temps en temps, jusqu'à ce que le maïs cesse d'éclater. Retirez du feu et laissez refroidir avant de servir.

Conservation 2 jours maximum dans un récipient hermétique.

Notre suggestion Le pop-corn peut se préparer au four micro-ondes. Placez le maïs sans huile dans un récipient adéquat. Couvrez avec un film alimentaire et faites cuire à puissance maximum environ 3 minutes, jusqu'à ce que le maïs n'éclate plus.

Ne pas proposer à des enfants de moins de 3 ans.

Sauce à l'oignon

Pour 2/3 de tasse.

160 ml de crème fraîche
1 c. s. de soupe d'oignons bruns hachés

Mélangez les ingrédients dans un petit saladier. Servez avec les légumes favoris de l'enfant crus ou blanchis.

Conservation Couvrez et conservez au réfrigérateur 2 jours maximum.

Sauce à l'oignon avec légumes.

Feuilletés à la saucisse.

Feuilleté à la saucisse

Pour 10 feuilletés.

1 feuille de pâte feuilletée surgelée
2 c. c. de lait
240 g de saucisses de Francfort
2 c. c. de miettes de pain rassis

Coupez la pâte feuilletée en deux. Badigeonnez-la avec la moitié du lait. Placez deux saucisses l'une à côté de l'autre, au centre de chaque moitié de pâte. Découpez la saucisse si nécessaire pour qu'elle puisse s'adapter à la pâte. Roulez la pâte autour des saucisses. Placez-la sur la plaque du four huilée, la fermeture de la pâte contre la plaque.

Badigeonnez avec le lait restant et saupoudrez avec les miettes de pain. Faites cuire à four moyen environ 15 minutes ou jusqu'à ce que la pâte soit légèrement dorée et les saucisses tendres. Coupez chaque feuilleté en diagonale et en cinq morceaux. Peuvent être servis avec de la sauce tomate.

Conservation Couvrez et conservez au réfrigérateur 2 jours maximum.

Pop-corn.

Biscuits

Pour 16 biscuits.

**375 g de farine avec levure
   incorporée**
1 c. s. de sucre en poudre
1/4 de c. c. de sel
30 g de beurre
180 ml de lait
125 ml d'eau environ

Placez la farine, le sucre et le sel dans
un saladier moyen. Incorporez le beurre
avec le bout des doigts. Avec un couteau,
mélangez le lait et assez d'eau pour obtenir
une pâte molle et collante.

Mettez la pâte sur une surface farinée.
Pétrissez rapidement et légèrement jusqu'à
ce que la pâte soit bien lisse. Utilisez les
mains pour aplatir la pâte afin qu'elle ait
2 cm d'épaisseur. Découpez des ronds
de 5 cm.

Pétrissez doucement des petits morceaux
de pâte, continuez à aplatir et à couper
des petits ronds de pâte. Placez les biscuits
dans un moule à cake carré huilé. Faites
cuire à four très chaud environ 15 minutes
ou jusqu'à ce que les biscuits brunissent
et sonnent creux quand vous les tapotez.
Faites-les refroidir sur des grilles.
On peut les servir avec de la confiture
et de la crème.

Congélation Possible pour la pâte
ou les biscuits cuits.

Notre suggestion Si vous préférez les
biscuits croustillants, laissez-les refroidir
sans couvrir. Pour ramollir la croûte,
enveloppez les biscuits chauds dans
un linge de cuisine.

Biscuits.

Biscuits au fromage, au potiron et à la courgette

Pour 16 biscuits.

**375 g de farine avec levure
   incorporée**
1 c. s. de sucre en poudre
1/4 de c. c. de sel
30 g de beurre
50 g de potiron finement râpé
50 g de courgette finement râpée
30 g de gruyère finement râpé
180 ml de lait
60 ml d'eau environ
2 c. s. de parmesan finement râpé

Placez la farine, le sucre et le sel dans
un grand saladier. Incorporez le beurre
avec le bout des doigts. Ajoutez le potiron,
la courgette et le gruyère. Avec un
couteau, ajoutez le lait et assez d'eau
pour obtenir une pâte souple et collante.

Beurrez un moule à cake carré de 23 cm
de côté, puis procédez comme dans
la recette des biscuits ci-dessus. Avant de
passer les biscuits au four, saupoudrez-les
de parmesan.

Biscuits complets aux abricots

Pour 16 biscuits.

**75 g d'abricots secs finement
   émincés**
125 ml d'eau bouillante
**225 g de farine avec levure
   incorporée**
**160 g de farine complète avec levure
   incorporée**
1 c. s. de sucre en poudre
1/4 de c. c. de sel
30 g de beurre
180 ml de lait environ

Placez les abricots dans un saladier allant
au four, ajoutez l'eau bouillante. Laissez
reposer 15 minutes. Placez les farines,
le sucre et le sel dans un large saladier.
Incorporez le beurre avec le bout
des doigts. Avec un couteau, ajoutez
le mélange eau-abricots et assez de lait
pour que la pâte soit souple et collante.

Beurrez un moule à cake carré de 23 cm,
puis procédez comme pour la recette
des biscuits ci-dessus.

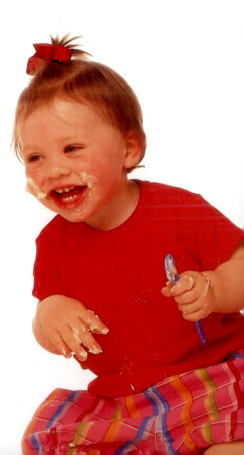

Papillotes au maïs et au poulet

Pour 16 papillotes.

150 g de poulet haché
2 c. s. de maïs en boîte
2 c. c. de sauce de soja légère
1 oignon nouveau finement émincé
une pincée de cinq-épices
2 c. s. de châtaignes cuites hachées
16 feuilles de riz pour les rouleaux
    de printemps de 16 cm x 12,5 cm
1 œuf légèrement battu
huile pour friture

Mettez le poulet, le maïs, la sauce, l'oignon, les épices et les châtaignes dans un petit saladier. Mélangez bien. Placez une cuillerée à café bien pleine de poulet haché au centre de chaque feuille. Badigeonnez les bords avec l'œuf, façonnez en papillote, et fermez en pinçant.

Plongez les papillotes dans l'huile chaude jusqu'à ce qu'elles soient brunes et tendres à l'intérieur. Égouttez-les sur du papier absorbant. On peut les servir avec de la sauce aux prunes.

Préparez le jour même. Faites frire juste avant de servir.

Congélation Possible pour les papillotes non cuites.

Papillotes de poulet et de maïs.

Beignets aux légumes

Pour 2 personnes.

50 g de bouquets de choux-fleurs
50 g de bouquets de brocolis
35 g de farine
1 c. s. de Maïzena
1 c. s. de polenta
1/2 c. c. de sel
1 blanc d'œuf
60 ml d'eau
1/2 petite courgette en fines
    rondelles (45 g)
huile pour friture

Faites cuire séparément à la vapeur ou au micro-ondes le chou-fleur et les brocolis, jusqu'à ce qu'ils soient tendres. Égouttez-les. Placez les farines, la polenta et le sel dans un petit saladier : ajoutez le blanc d'œuf et l'eau, mélangez pour obtenir une pâte souple. Trempez les légumes dans la pâte pour les recouvrir entièrement. Plongez-les dans l'huile chaude jusqu'à ce qu'ils soient bruns et croustillants. Égouttez-les sur du papier absorbant.

Préparez juste avant de servir.

Notre suggestion Les beignets peuvent s'accompagner de pappadums (voir glossaire), qui constituent des en-cas très nourrissants. Faites-les cuire un par un au micro-ondes environ 50 secondes, jusqu'à ce qu'ils soient légèrement gonflés et croustillants. Servez-les nature ou avec des pâtes à tartiner ou des sauces pour les enfants de plus de 3 ans.

Beignets aux légumes.

Délices à la tomate.

Rouleaux de feuilles de riz aux légumes.

Délices à la tomate

Pour 12 personnes.

*Les vol-au-vent sont des croûtes
de pâte feuilletée rondes. Ils sont disponibles
dans les grandes surfaces.*

**12 vol-au-vent
1 champignon de Paris finement émincé
80 ml de sauce tomate en bocal**

Placez les vol-au-vent sur la plaque du four.
Faites cuire à four moyen 5 minutes.

Pendant ce temps, mélangez le champignon
et la sauce dans une petite casserole. Faites
chauffer en remuant. Remplissez les vol-
au-vent juste avant de servir. Réfrigérez
ou congelez la sauce restante qui pourra
être utilisée pour d'autres en-cas.

Conservation Couvrez la sauce et
conservez-la au réfrigérateur, 4 jours
maximum. Les vol-au-vent peuvent
se garder jusqu'à une semaine au réfrigérateur, dans un récipient hermétique.

Congélation Possible pour la sauce
et les vol-au-vent.

Rouleaux de feuilles de riz aux légumes

Pour 4 personnes.

*Les vermicelles de haricots mungo – pour cette
recette simple qui constitue un en-cas nutritif
pour les enfants comme pour les adultes –
sont vendus dans les épiceries asiatiques ou
les grandes surfaces qui possèdent un rayon
d'ingrédients pour la cuisine chinoise.*

**25 g de vermicelles de haricots mungo
2 c. c. de beurre de cacahuètes
pas trop ferme**

**2 c. c. d'eau chaude
4 feuilles de riz
1/4 d'un petit avocat finement
émincé (50 g)
1/2 petite carotte finement râpée (35 g)
2 c. s. de betterave rouge fraîche
finement râpée
1 oignon nouveau émincé finement**

Sauce

**2 c. s. de sucre
2 c. s. d'eau
1 c. s. de vinaigre blanc
65 g de concombre épépiné
et finement émincé**

Placez les vermicelles dans un petit saladier
allant au four, couvrez d'eau bouillante,
laissez jusqu'à ce qu'ils soient tendres.
Égouttez-les. Coupez les nouilles en
tronçons de 4 cm. Mélangez-les dans un
petit saladier avec le beurre de cacahuètes
et l'eau chaude. Placez une feuille de riz
dans un saladier moyen rempli d'eau tiède
pour la faire ramollir. Retirez avec
précaution et placez-la sur une planche à
découper. Placez une couche du mélange
avec les nouilles au centre de la galette de
riz. Surmontez de l'avocat, de la carotte,
de la betterave et de l'oignon. Roulez pour
fermer la feuille et repliez les extrémités.

Répétez l'opération avec les autres
feuilles et le reste de garniture. Servez
avec la sauce.

Sauce Mélangez le sucre et l'eau dans une
petite casserole. Faites chauffer à feu doux
en remuant sans faire bouillir jusqu'à ce
que le sucre soit dissous. Faites mijoter
sans couvrir pendant 2 minutes. Ajoutez
le vinaigre puis laissez refroidir. Ajoutez
le concombre.

Préparez juste avant de servir.

*Nouilles avec champignons,
petits pois, jambon et crème.*

Comment utiliser les nouilles

La plupart des enfants adorent les nouilles. On ne s'en plaindra d'ailleurs pas, car voilà un repas vite prêt et très nourrissant. On évitera bien sûr d'en servir tous les jours midi et soir, mais on pourra en proposer trois fois par semaine en moyenne. À mélanger avec d'autres aliments pour faire plaisir aux plus exigeants. C'est aussi l'occasion de faire « passer » légumes ou viandes moyennement appréciés par nos chères têtes blondes. Voici quelques suggestions d'accompagnement :

• thon, oignons nouveaux et tomate
• champignons, petits pois, jambon et un peu de crème
• poulet avec maïs ou petits épis de maïs
• légumes sautés.

Petites crêpes au maïs et au poivron

Pour 8 crêpes.

150 g de farine avec levure incorporée
180 ml de lait
1 œuf
20 g de beurre fondu
130 g de maïs en boîte
2 oignons nouveaux finement émincés
40 g de poivron rouge coupé
en petits dés
30 g de tasse de gruyère
grossièrement râpé

Mettez la farine dans un saladier moyen et ajoutez progressivement le lait, l'œuf et le beurre puis mélangez pour obtenir une pâte onctueuse. Ajoutez le reste des ingrédients. Versez 60 ml (1/4 de tasse) de cette pâte dans une poêle à fond épais contenant de l'huile chaude. Faites cuire jusqu'à ce que des bulles apparaissent. Retournez les petites crêpes et laissez-les brunir. Servez avec de la crème fraîche.

Conservation Couvrez et conservez au réfrigérateur 2 jours maximum.

Congélation Possible.

Petites crêpes aux pommes de terre et aux oignons

Pour 8 crêpes.

150 g de farine avec levure incorporée
180 ml de lait
1 œuf
20 g de beurre fondu
1 gousse d'ail pilée
1 petit oignon haché
grossièrement (80 g)
1 petite pomme de terre
grossièrement râpée (120 g)

Mettez la farine dans un saladier moyen. Ajoutez ensemble le lait, l'œuf et le beurre. Mélangez jusqu'à obtenir une pâte onctueuse. Ajoutez les ingrédients restants. Versez 60 ml (1/4 de tasse) de cette pâte dans une poêle à fond épais contenant de l'huile chaude. Faites cuire jusqu'à apparition de bulles d'air. Retournez les petites crêpes jusqu'à ce qu'elles soient dorées. Servez avec de la crème fraîche.

Conservation Couvrez et conservez au réfrigérateur 2 jours maximum.

Congélation
Possible.

Brownies.

Brownies

150 g de beurre
200 g de sucre roux
2 œufs
75 g de farine
50 g de cacao en poudre
60 g de noix de pécan très finement hachées

Badigeonnez d'huile un moule à gâteau carré de 20 cm de large. Recouvrez l'intérieur et les bords de papier sulfurisé. Battez le beurre et le sucre dans un saladier avec un mixeur électrique pour obtenir une consistance légère et mousseuse. Ajoutez les œufs un par un et battez jusqu'à ce que le mélange soit onctueux avant d'ajouter d'autres ingrédients. Intégrez la farine tamisée, le cacao puis les noix de pécan. Répartissez la préparation dans le moule. Mettez au four à thermostat moyen pendant 30 minutes. Laissez refroidir dans le moule. Découpez en petits carrés. Arrosez de sucre glace tamisé selon les goûts.

Supprimez les noix de pécan pour servir à des petits enfants de moins de 5 ans.

Conservation 4 jours maximum dans un récipient hermétique.

Congélation Possible.

Petites crêpes.

*Petits bonshommes
à la vanille.*

Petits bonshommes
à la vanille

Pour une vingtaine de bonshommes.

*On trouve des emporte-pièces aux formes
et aux dimensions variées dans les magasins
spécialisés et les grandes surfaces. Le nombre
de biscuits obtenu avec une quantité donnée
de pâte dépendra de la taille de l'emporte-
pièce : nous avons utilisé des emporte-pièces
pour pain d'épices de 9 cm. Vous aurez
également besoin de colorants alimentaires,
d'une poche à douille munie d'un embout
et de vermicelles en sucre pour décorer.*

125 g de beurre
1 c. c. d'essence de vanille
150 g de sucre en poudre
2 œufs légèrement battus
2 c. c. de lait
200 g de farine avec levure incorporée
150 g de farine

Glaçage

2 blancs d'œufs
3 1/2 tasses de sucre glace

Battez le beurre, l'essence de vanille
et le sucre dans un saladier moyen avec
un mixeur électrique jusqu'à obtenir
un mélange mousseux.

Ajoutez les œufs un par un. Battez pour bien
lier le mélange. En remuant, ajoutez le lait et
les farines. Mélangez jusqu'à obtention d'une
pâte souple. Pétrissez sur une surface farinée. Couvrez la boule de pâte ainsi obtenue.
Réfrigérez pendant 30 minutes. Étalez
la pâte sur une épaisseur de 5 mm entre
deux feuilles de papier sulfurisé. Utilisez un
emporte-pièce de 9 cm et découpez des
formes dans la pâte. Pétrissez éventuellement la pâte à nouveau si nécessaire.

Placez les formes à 3 cm de distance les
unes des autres sur la plaque du four légèrement huilée. Mettez au four et faites cuire
à thermostat moyen à peu près 10 minutes
ou jusqu'à ce que les biscuits soient fermes
et légèrement dorés. Sortez-les au bout de
5 minutes, et faites-les refroidir sur des grilles.

Glaçage Battez les blancs d'œufs en neige
dans un saladier moyen avec un batteur
électrique jusqu'à obtention d'un mélange
mousseux et ferme. Incorporez avec précaution et progressivement le sucre glace.
Divisez en plusieurs portions,
autant de couleurs différentes,
autant de bols. Teintez avec
les colorants alimentaires.

Versez à la cuillère, le glaçage dans une
poche à douille munie d'un embout.

Décorez les biscuits refroidis comme
vous le souhaitez avec le glaçage
et les vermicelles en sucre.

Conservation Une
semaine maximum
dans un récipient
hermétique.

Congélation
Possible unique-
ment pour les
biscuits sans
glaçage.

Esquimaux au yaourt

Pour 12 sorbets.

Pour changer, vous pouvez utiliser des parfums de jus de fruits, des sirops à l'eau ou des boissons sucrées.

125 ml de yaourt nature
500 ml de jus de pommes
250 ml de jus de cassis

Placez le yaourt dans un récipient en verre, incorporez progressivement en fouettant le jus de pommes. Versez la moitié de ce mélange dans des moules de 12 glaces d'une contenance d'un tiers de tasse (80 ml). On peut aussi utiliser des verres en cartons. Congelez jusqu'à ce que le mélange ait pris. Insérez un bâton de glace dans le centre du bloc glacé. Remettez au congélateur. Versez le jus de cassis au sommet d'une couche de yaourt glacé. Congelez jusqu'à ce que le cassis soit ferme. Surmontez du restant du mélange au yaourt. Congelez jusqu'à ce que la glace ait pris.

Notre suggestion Variez les saveurs et les textures de ces sorbets en utilisant des jus ou des sirops de fruits en conserve, dilués selon les goûts.

Esquimaux au yaourt.

Tartelettes aux pommes.

54

Pour grignoter

Préparez un sac de biscuits secs ou autres, idéals pour un petit en-cas à emporter dans votre sac à dos et pour votre enfant quand vous l'emmenez dans la poussette. Créez votre propre sélection ou essayez les suivantes : bâtonnets de fruits ; tranches d'abricots et de noix de coco ; bretzels ; petits biscuits salés aux formes amusantes ; petits biscuits sucrés ; raisins secs.

Mousse de fruits

Pour environ 1 tasse (250 ml).

Nous avons utilisé des fraises fraîches, que l'on peut tout à fait remplacer par 1 banane entière ou 1/2 tasse de melon en morceaux.

125 ml de lait
1/2 tasse de fraises en tranches
60 ml de yaourt à la fraise

Mixez tous les ingrédients jusqu'à obtenir une consistance lisse et mousseuse.

Préparez juste avant de servir.

Tartelettes aux pommes

Pour 9 tartelettes.

1 feuille de pâte feuilletée
40 g de beurre fondu
1 pomme moyenne coupée
  en tranches fines (150 g)
1 c. s. de sucre roux
1 c. s. de sucre en poudre
1 c. s. de sucre glace

Coupez la pâte en neuf carrés. Placez sur la plaque du four beurrée. Utilisez la moitié du beurre, badigeonnez chaque carré. Répartissez les tranches de pommes dans les carrés et badigeonnez avec le reste du beurre. Saupoudrez avec le sucre roux et en poudre. Faites cuire à four chaud environ 30 minutes ou jusqu'à ce que la pâte soit gonflée et légèrement dorée. Placez sur des grilles pour refroidir. Saupoudrez de sucre glace avant de servir.

Conservation Couvrez et conservez au réfrigérateur 2 jours maximum.

Congélation Possible pour les tartelettes non cuites.

Mousse.

Pique-niques et repas de voyage

Manger dehors est toujours une fête. Même s'il s'agit seulement d'aller s'asseoir sur une couverture au fond du jardin, le pique-nique plaît presque toujours aux petits et vous offre une bonne occasion de l'impliquer dans la préparation du repas et de lui faire plaisir à peu de frais. Pour l'enfant, prendre un repas dans un contexte différent peut le rendre plus ouvert à de nouvelles saveurs. Pour vous, c'est peut-être aussi l'occasion de passer un repas tranquille : il est rare qu'un pique-nique ne soit pas un succès et vous n'aurez sans doute pas à vous battre pour que votre enfant mange un peu.

Manger dehors

Choisissez une nourriture facile à emballer et à transporter, qui peut se manger avec les doigts. Achetez des boîtes en plastique qui se ferment, des bouchons adaptables sur les bouteilles de jus de fruits et des gobelets incassables. Et n'oubliez pas les gants de toilette ou les mouchoirs en papier, car la capacité à créer un certain désordre reste constante chez les petits !

Manger et voyager

Quand on voyage avec des petits enfants, il vaut mieux emporter une glacière, car la nourriture peut s'abîmer assez vite dans une voiture s'il fait un peu chaud. Préparez des portions faciles à manger avec les doigts, évitez les sauces qui tachent, prévoyez des petits en-cas et des boissons (de l'eau de préférence, c'est encore ce qui désaltère le mieux). Si le voyage dure longtemps, proposez plusieurs pauses grignotage : manger aide à faire passer le temps pour les plus petits, qui ont souvent du mal à rester longtemps immobiles.

La mallette à pique-nique

Pour un voyage ou un pique-nique, cette mallette sera à la fois très pratique et ludique : l'enfant peut transporter lui-même son repas et vous pouvez la garnir de surprises qui rendront le déjeuner très agréable. Laissez-le se débrouiller avec les différents aliments du pique-nique, et s'il commence par le dessert, quelle importance !

Certaines mallettes sont équipées d'une bouteille en plastique, qui peut aussi faire office de glacière si on la remplit de liquide glacé. Vous aurez également de l'eau fraîche pour vous désaltérer.

Très vite, la mallette va devenir un prétexte pour recommencer souvent l'expérience. Laissez-vous faire, car en définitive le pique-nique est sans doute le seul repas qui se déroule sans histoire et qui fait plaisir à tout le monde. Il suffit de varier les plaisirs et de laisser parler votre imagination pour garnir les mallettes et vous deviendrez à tout jamais la meilleure maman du monde…

Les pique-niques préférés des enfants

• Lorsque vous préparez un pique-nique, tenez compte de l'âge de l'enfant et du temps durant lequel vous devrez conserver la nourriture avant de la consommer. En effet, même le plus vaillant des gourmands perdra son appétit devant un sandwich à la tomate complètement ramolli.

• Rares sont les enfants qui mangent un fruit en entier. Coupez-le en petits morceaux, que vous enveloppez individuellement afin d'éviter qu'ils brunissent. Vous pouvez essayer des mini-récipients pour les grains de raisins ou le melon en cubes.

• Les fruits secs sont une alternative aux fruits frais, plus difficiles à conserver, et l'on en trouve une grande variété dans les magasins diététiques.

• Taillez des sandwichs en rond, en losange, en triangle ou encore en forme de bonhomme.

• Pour changer du pain habituel, roulez des crudités dans des pains pita et coupez-les en petits tronçons.

• Créez un effet d'étages en alternant pain blanc et pain brun. Garnissez avec des ingrédients tout simples comme le jambon, le fromage frais et la laitue. Découpez les sandwichs en lamelles de la largeur d'un doigt et empilez-les sur le côté pour que l'enfant voie les différentes couches.

• Façonnez des tranches de pain en rouleaux en ôtant la croûte et en les aplatissant légèrement. Tartinez avec de la tapenade, du beurre de cacahuètes, du tarama… et roulez la tranche de pain. Enveloppez dans du film alimentaire, réfrigérez, puis découpez en tranches de 1 cm d'épaisseur.

• Au lieu de servir un sandwich aux crudités, taillez les différents ingrédients (pain, tomate, concombre, céleri…) en petits cubes et servez dans une petite feuille de laitue. Voici un « sandwich » pas classique du tout à manger avec les doigts.

• Mélangez des restes de pommes de terre cuites et de la mayonnaise. Garnissez une feuille de laitue avec du poulet froid et des tranches d'œuf dur, de la tomate et d'autres crudités.

• Du riz cuit froid avec de la vinaigrette et des morceaux de céleri, de poivron, des raisins secs, des quartiers d'orange et des lamelles de blanc de poulet créeront une agréable garniture.

• Faites des salades avec des nouilles froides ou des pâtes, en complétant avec des petits morceaux de viande, de fromage, de fruits… Choisissez ces ingrédients parmi ceux que votre enfant préfère.

• Servez des cubes de fromage doux avec un assortiment de fruits coupés en morceaux.

• Pour changer du pain, servez des gâteaux apéritifs ou des biscottes avec des sauces ou des mousses de légumes.

De bonnes idées de pique-nique

Mini rouleaux au pain pita.

Salade de riz.

Fromage, melon et raisins.

Repas de voyage

Muffins salés.

Houmous

Roulades de dinde et de fromage frais.

Muffins salés

Pour 30 muffins.

300 g de farine avec levure incorporée
60 g de jambon en petits dés
60 g de gruyère grossièrement râpé
20 g de champignons finement émincés
150 g de poivron finement émincé
1 c. s. de persil haché
125 g de beurre fondu
250 ml de lait
1 œuf légèrement battu

Huilez trois moules à muffins de 12 trous (40 ml de capacité).

Mélangez la farine, le jambon, le fromage, les champignons, le poivron et le persil dans un large saladier. Ajoutez le beurre, le lait et l'œuf. Ne battez pas trop. Répartissez le mélange dans les trous des moules. Faites cuire à four moyen 15 minutes. Faites refroidir sur une grille.

Conservation Couvrez et conservez au réfrigérateur 2 jours maximum.

Congélation Possible.

Roulades de dinde et de fromage frais

Pour 4 roulades.

1 morceau de pain pita
1 c. s. de fromage frais à tartiner
3 tranches de dinde fumée (65 g)
3 lamelles de fromage
3 feuilles de laitue bien craquante
1 petite tomate olivette en lamelles fines (60 g)

Tartinez le pain de fromage frais. Placez la dinde, le fromage, la laitue et la tomate sur le pain pita. Roulez bien puis coupez en quatre.

Préparez juste avant de servir.

Houmous

Pour 1 1/2 tasse (375 ml).

2 c. c. de jus de citron
1 gousse d'ail
1/2 c. c. de cumin en poudre
130 g de pois chiches en boîte égouttés
60 ml de lait
1 c. c. de tahin*
2 c. c. de feuilles de coriandre finement hachées

Mélangez ou mixez tous les ingrédients jusqu'à obtenir une consistance lisse. Servez avec des mini-gressins ou des biscottes.

Conservation Couvrez et conservez au réfrigérateur 2 jours maximum.

* Voir glossaire.

L'assiette anglaise du tout-petit

Pour 1 personne.

On a utilisé de la sauce à l'oignon dans cette recette mais essayez d'autres variétés comme la mousse de saumon ou d'avocat.

- **¹/₂ petite carotte (70 g)**
- **3 asperges épluchées**
- **3 haricots mange-tout**
- **1 tranche de corned-beef (40 g)**
- **50 g de gruyère en cubes**
- **1 petite tomate en quartiers (60 g)**
- **2 c. s. de sauce à l'oignon**
- **1 petit pain rond**

Coupez la carotte en bâtonnets. Faites cuire séparément à la vapeur ou au micro-ondes la carotte, les asperges et les haricots mange-tout, jusqu'à ce qu'ils soient tendres. Égouttez-les. Disposez tous les ingrédients dans la mallette de pique-nique ou sur une assiette.

Préparez juste avant de servir.

Pain de riz et de saumon.

Barre au müesli

Pour 15 barres.

Nous suggérons de proposer cette recette seulement aux enfants de plus de 3 ans.

- **125 g de beurre**
- **100 g de sucre roux**
- **1 c. s. de miel**
- **180 g de flocons d'avoine**
- **35 g de graines de sésame grillées**
- **40 g de graines de tournesol finement hachées**
- **20 g de noix de coco en poudre légèrement grillée**
- **30 g de noix de pécan ou de noix finement hachées**
- **40 g de raisins secs**
- **2 c. s. de son en paillettes**
- **¹/₂ c. c. de cannelle en poudre**

Beurrez un moule à cake de 20 cm × 30 cm. Mélangez le beurre, le sucre et le miel dans une casserole moyenne. Faites cuire en remuant à feu doux jusqu'à ce que le sucre fonde. Ajoutez les ingrédients restants. Répartissez le mélange dans le moule. Faites cuire à four moyen pendant 25 minutes ou jusqu'à ce que le mélange soit bien doré. Coupez la barre en 15 morceaux lorsqu'elle est encore chaude. Laissez refroidir dans le moule.

Conservation 4 jours maximum dans un récipient hermétique.

Pain de riz et de saumon

Pour 8 personnes.

Vous aurez besoin d'un peu plus d'un tiers de tasse de riz blanc cru pour cette recette.

- **415 g de saumon rose en boîte égoutté et émietté**
- **1 tasse de riz blanc cuit**
- **70 g de miettes de pain rassis**
- **250 ml de crème fraîche**
- **1 petit oignon finement émincé (80 g)**
- **3 œufs légèrement battus**
- **1 c. s. de persil finement haché**
- **1 c. c. de moutarde**
- **1 c. c. de zeste de citron finement râpé**
- **2 c. s. de jus de citron**

Huilez un moule à pain de 15 cm × 25 cm et recouvrez de papier sulfurisé. Mélangez tous les ingrédients dans un grand saladier. Versez des cuillerées de la garniture dans le moule, et lissez la surface. Faites cuire à four moyen pendant 1 heure ou jusqu'à ce que l'intérieur soit cuit. Laissez reposer 10 minutes. Faites refroidir sur une grille.

Conservation Couvrez et conservez au réfrigérateur 2 jours maximum.

L'assiette anglaise du tout-petit.

Barre au müesli.

Boulettes méditerranéennes

Pour 35 boulettes.

Si vous ne disposez pas d'herbes fraîches, utilisez ¹/2 cuillerée à café de menthe et de basilic séchés.

- **500 g de viande hachée**
- **1 courgette moyenne râpée grossièrement (120 g)**
- **1 carotte moyenne râpée grossièrement (120 g)**
- **1 petit oignon finement émincé (80 g)**
- **35 g de miettes de pain rassis**
- **2 c. s. de sauce tomate**
- **1 c. s. de feuilles de menthe fraîche hachées**
- **1 c. s. de feuilles de basilic frais finement hachées**
- **1 œuf légèrement battu**

Sauce au concombre et au yaourt
- **1 concombre épluché et épépiné (130 g)**
- **125 ml de yaourt**

Mélangez tous les ingrédients des boulettes de viande dans un saladier moyen. Avec les mains, roulez des cuillerées de ce mélange et façonnez-les en boulettes.

Placez-les sur la plaque du four huilée. Faites cuire sans couvrir à four moyen environ 20 minutes ou jusqu'à ce que l'intérieur soit tendre. Servez avec de la sauce au concombre et au yaourt.

Sauce au concombre et au yaourt Râpez le concombre grossièrement. Placez dans une passoire et égouttez-les pendant 20 minutes puis mélangez avec le yaourt dans un petit saladier.

Conservation Couvrez et conservez au réfrigérateur 2 jours maximum.

Congélation Possible pour les boulettes non cuites.

Boulettes méditerranéennes.

Tortilla de pommes de terre

Pour 4 à 8 personnes.

Voici un plat espagnol qui est d'ordinaire découpé en parts triangulaires et mangé froid, et qui convient bien pour les pique-niques.

- **2 c. s. d'huile d'olive**
- **2 pommes de terre moyennes coupées en lamelles fines (400 g)**
- **1 petit oignon finement émincé (80 g)**
- **6 œufs légèrement battus**

Faites chauffer une cuillerée à soupe d'huile dans une poêle de 24 cm qui n'attache pas. Faites cuire les pommes de terre et l'oignon, en remuant environ 5 minutes ou jusqu'à ce que les pommes de terre soient tendres. Retirez de la poêle. Mélangez dans un saladier moyen avec les œufs.

Faites chauffer l'huile restante dans la même poêle. Versez les œufs battus. Faites chauffer en basculant la poêle sur feu moyen jusqu'à ce que les œufs aient pris. Placez la poêle sous un gril pour faire brunir le dessus. Servez chaud ou froid, coupez en parts triangulaires.

Conservation Couvrez et conservez au réfrigérateur 2 jours maximum.

Le sous-marin

Coupez en deux une baguette ou un petit pain dans le sens de la longueur. Ôtez un peu de la mie du centre. Remplissez le pain ainsi creusé de la garniture préférée de votre enfant. Enveloppez de film alimentaire jusqu'à l'heure du repas.

Tranches aux raisins secs

- **125 g de beurre**
- **110 g de sucre en poudre**
- **2 œufs**
- **75 g de farine avec levure incorporée**
- **75 g de farine**
- **240 g de raisins secs**

Beurrez un moule à cake de 20 cm x 30 cm et recouvrez l'intérieur de papier sulfurisé. Battez le beurre et le sucre dans un petit saladier avec un mixeur électrique jusqu'à ce que le mélange soit léger et mousseux. Ajoutez les œufs, un par un, en les battant bien entre chaque ajout. Incorporez les farines et les raisins. Répartissez la pâte dans le moule préparé. Faites cuire à four moyen environ 25 minutes. Laissez refroidir dans le moule. Coupez en plusieurs parts de la largeur d'un doigt au moment de servir.

Conservation 4 jours maximum dans un récipient hermétique.

Des pique-niques réussis

• Voyagez toujours avec un petit tapis de pique-nique doublé de caoutchouc ou avec une bâche en plastique, rangés dans le coffre de votre voiture.

• Emportez un parasol au cas où il n'y aurait pas d'ombre.

• Prenez une nappe légère pour protéger la nourriture des insectes.

• N'oubliez pas les chapeaux, l'écran solaire et l'anti-moustiques.

• Un grand carré de tissu vous permettra de tout transporter facilement.

• La veille, mettez à congeler de grandes quantités d'eau, par exemple des bouteilles de jus de fruit de 2 l. La glace en gros morceaux fond moins vite, et vous aurez toute la journée de l'eau fraîche à proposer.

• Transportez les denrées périssables dans une glacière ou des sacs isothermes et les denrées non périssables dans un panier.

• Si vous pique-niquez en hiver, munissez-vous d'une bouteille thermos avec gobelet pour emporter des boissons chaudes ou de la purée pour bébé.

• Prenez un sac à détritus et un sac pour les assiettes sales, les objets cassés et les récipients.

• Prenez des gants de toilette humides dans un récipient en plastique pour essuyer les mains et les visages.

• N'oubliez pas qu'une sortie peut inclure, outre le déjeuner, le goûter du matin et de l'après-midi. Emportez assez de provisions pour toute la journée.

Baguettes de tambour croustillantes

Pour 12 ailes.

12 grosses ailes de poulet (1,5 kg)
35 g de farine
1 œuf légèrement battu
60 ml de lait
80 g de chips au maïs finement écrasées
1 c. s. d'huile d'olive

Ôtez le bout de chaque aile. Coupez-les en deux à l'articulation. En utilisant la partie charnue de l'aile (congelez le reste de l'aile), tenez le petit bout de chaque aile, détachez la viande de l'os. Coupez, grattez et poussez la viande vers le bout le plus large. Tirez la peau et la viande par-dessus l'extrémité de l'os : chaque aile de poulet ressemblera à une baguette de tambour.

Roulez les ailes dans la farine, secouez l'excédent. Plongez-les dans l'œuf et le lait mélangés puis dans les miettes de chips au maïs. Placez les ailes sur la plaque du four huilée. Arrosez d'huile. Faites cuire sans couvrir à four moyen pendant 40 minutes ou jusqu'à ce que les ailes soient cuites et dorées. Servez chaud ou froid.

Conservation Couvrez et conservez au réfrigérateur 2 jours maximum.

Feuilleté au fromage et aux épinards

Pour 8 portions.

Deux paquets d'épinards surgelés de 250 g dégelés et égouttés peuvent être substitués aux épinards frais. La pâte filo dans cette recette peut éventuellement être remplacée par de la pâte feuilletée.

1 c. s. d'huile d'olive
1 petit oignon finement émincé (80 g)
3 oignons nouveaux finement émincés
1 gousse d'ail pilée
500 g d'épinards épluchés et émincés
200 g de fromage frais
100 g de feta émiettée
20 g de parmesan râpé
1/4 de tasse de persil haché
4 œufs légèrement battus
1/2 c. c. de moutarde
1/4 de c. c. de noix de muscade râpée
8 feuilles de pâte filo
60 ml d'huile d'olive supplémentaires

Huilez un moule à petits bords rectangulaire de 19 cm x 29 cm. Faites chauffer l'huile dans une grande poêle. Faites cuire les oignons et l'ail en remuant jusqu'à ce qu'ils soient tendres. Ajoutez les épinards en remuant pour faire réduire. Transférez dans un grand saladier. Ajoutez les fromages, le persil, les œufs, la moutarde et la noix de muscade.

Pour empêcher la pâte de sécher, couvrez-la d'un linge de cuisine humide jusqu'à utilisation. Badigeonnez d'huile une feuille de pâte filo, pliez-la en deux dans le sens de la largeur, et installez-la dans le moule préparé. Répétez l'opération avec les trois autres feuilles de pâte filo. Versez les épinards sur la pâte dans le moule. Recommencez à badigeonner d'huile, à plier et à installer les quatre feuilles de pâte filo sur le dessus des épinards en repliant les bords vers l'intérieur du moule. Badigeonnez la surface d'huile. À l'aide d'un couteau bien aiguisé, tracez la découpe des 8 portions dans la tarte non cuite. Faites cuire à four moyen pendant 30 minutes ou jusqu'à ce que le tout soit bien cuit.

Conservation Couvrez et conservez au réfrigérateur 2 jours maximum.

Salade d'été

Pour 6 à 8 personnes.

Le coleslaw est une salade de chou cru, et la mayonnaise est une mayonnaise au vinaigre avec du sel de céleri.

- **6 petites de pommes de terre coupées en gros morceaux (720 g)**
- **2 pommes moyennes épluchées et coupées en morceaux (300 g)**
- **80 g de raisins secs**
- **250 g de tomates cerises coupées en deux**
- **60 ml de mayonnaise pour coleslaw**
- **60 ml de yaourt**

Faites cuire à la vapeur ou au micro-ondes les pommes de terre jusqu'à ce qu'elles soient tendres. Mélangez-les dans un grand saladier avec les autres ingrédients. Remuez doucement.

Préparez juste avant de servir.

Gâteau de carottes et d'ananas

- **260 g de farine avec levure incorporée**
- **1/2 c. c. de bicarbonate de soude**
- **1 c. c. de cannelle en poudre**
- **165 g de sucre en poudre**
- **60 g d'amandes pilées**
- **60 g de noix de coco en poudre**
- **3 œufs légèrement battus**
- **125 ml d'huile**
- **180 ml de yaourt**
- **2 carottes râpées grossièrement (240 g)**
- **130 g d'ananas en boîte égoutté et écrasé**

Beurrez un moule à cake carré de 19 cm de côté et tapissez l'intérieur avec du papier sulfurisé. Mélangez la farine, le bicarbonate et la cannelle dans un grand saladier avec le sucre, les amandes

et la noix de coco. Incorporez en remuant les autres ingrédients. Répartissez le mélange dans le moule préparé. Faites cuire à four moyen pendant 1 heure. Placez sur une grille pour laisser refroidir. Juste avant de servir, saupoudrez de sucre glace.

Conservation 4 jours maximum au réfrigérateur, dans un récipient hermétique.

Congélation Possible.

1

2

Roulade de saucisse

Pour 4 à 6 personnes.

500 g de chair à saucisse
70 g de miettes de pain rassis
2 oignons nouveaux finement émincés
2 c. s. de sauce tomate
2 c. c. de sauce Worcestershire
  (facultatif)
2 c. s. de persil haché
1 gousse d'ail pilée
1/2 c. c. de paprika doux
2 feuilles de pâte brisée prête à cuire
4 œufs durs coupés en deux
1 c. s. de lait

Mélangez la viande hachée, les miettes
de pain rassis, l'oignon, les sauces, le persil,
l'ail et les épices dans un grand saladier.
Placez chaque feuille de pâte brisée sur
la plaque du four recouverte de papier
sulfurisé et huilée. Répartissez un quart
de viande hachée au centre de la feuille
de pâte. Placez quatre moitiés d'œuf
au sommet de chacune.

Première phase Avec vos mains humides,
tassez les restes de la viande hachée sur
les moitiés d'œuf.

Seconde phase Pratiquez des rainures
en diagonale en surface sur la pâte à 2 cm
d'intervalles. Faites une tresse. Repliez les
extrémités sous la roulade, badigeonnez
les tresses de pâte sur toute la surface avec
du lait. Faites cuire à four moyen pendant
35 minutes ou jusqu'à ce que la roulade
soit bien dorée. Laissez refroidir sur
une grille.

Conservation Couvrez et conservez
au réfrigérateur 2 jours maximum.

Roulade à la saucisse.

Mini-suppli.

Mini-suppli

Pour 12 suppli.

Suppli désigne, en italien, de délicieuses boulettes de riz frites avec, au cœur, de la mozzarella fondue.

- **10 g de beurre**
- **1 petit oignon râpé (80 g)**
- **1 gousse d'ail pilée**
- **65 g de riz blanc**
- **160 ml de bouillon de poule**
- **1 c. s. de concentré de tomates**
- **2 c. s. de parmesan finement râpé**
- **1 œuf légèrement battu**
- **40 g de mozzarella**
- **15 g de miettes de pain rassis**
- **huile pour friture**

Faites fondre le beurre dans une petite poêle. Faites cuire l'oignon et l'ail en remuant jusqu'à ce qu'ils soient tendres. Ajoutez le riz. Remuez jusqu'à ce que le riz soit bien imbibé de beurre. Ajoutez le bouillon et le concentré de tomate. Portez à ébullition. Faites mijoter à feu doux, à couvert, pendant 10 minutes ou jusqu'à ce que le riz soit cuit. Incorporez rapidement le parmesan et l'œuf dans le riz. Faites refroidir.

Coupez la mozzarella en 12 cubes égaux. Avec les mains, moulez autour de chaque cube de mozzarella une cuillerée à soupe du mélange avec le riz afin de faire une boulette bien ronde. Roulez les boulettes dans les miettes de pain et couvrez. Réfrigérez pendant 2 heures ou jusqu'à ce que ce soit ferme.

Faites chauffer l'huile dans une grande poêle profonde. Faites frire les suppli et faites-les dorer légèrement puis égouttez-les sur du papier absorbant.

Préparez juste avant de servir.

Petites quiches au saumon

Pour 9 quiches.

Pour cette recette, on pourra utiliser des portions individuelles de saumon atlantique congelé que l'on fera cuire pendant 8 minutes à la poêle avant de l'intégrer à la place du saumon en boîte.

- **1 feuille de pâte brisée prête à cuire**
- **60 g de gruyère râpé**
- **105 g de saumon rose en boîte égoutté et émietté**
- **125 ml de lait**
- **1 œuf**

Coupez la pâte en neuf rondelles de 7,5 cm de diamètre. Aplatissez les ronds de pâte dans des moules à tartes individuels. Répartissez le mélange de fromage et de saumon dans les moules.

Ajoutez en fouettant le lait et l'œuf dans un récipient avec bec verseur. Versez assez de ce liquide dans chaque moule pour recouvrir la garniture. Faites cuire à four moyen pendant 20 minutes ou jusqu'à ce que la garniture soit cuite. Laissez refroidir 5 minutes avant de retirer les petites quiches de leurs moules.

Préparez juste avant de servir.

Petites quiches au saumon.

Bâtonnets de viande

Pour 4 personnes.

2 escalopes de veau fines (175 g)
2 c. s. de farine
1 œuf légèrement battu
75 g de chapelure
huile pour friture

Roulez les escalopes dans la farine et ôtez-en l'excédent. Trempez-les dans l'œuf puis roulez-les dans la chapelure. Placez-les sur un plateau sur une seule couche, couvrez. Réfrigérez 30 minutes. Faites frire le veau dans l'huile chaude et faites dorer des deux côtés pour qu'il soit bien cuit à l'intérieur. Découpez en bâtonnets avant de servir.

Préparez juste avant de servir.

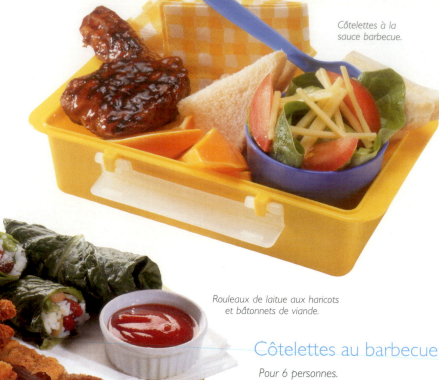

Côtelettes à la sauce barbecue.

Rouleaux de laitue aux haricots et bâtonnets de viande.

Notre suggestion
Vous pouvez servir ces bâtonnets de veau croustillants avec du yaourt, de la sauce tomate, de la sauce barbecue ou de la sauce aigre-douce.

Rouleaux frais de laitue aux haricots

Pour 6 rouleaux.

Vous aurez besoin de deux tiers de tasse de riz blanc cru pour cette recette.

2 tasses de riz blanc cuit
300 g de haricots rouges en boîte égouttés
1 petite pomme épluchée finement émincée (130 g)
1 branche de céleri finement émincée
1 oignon nouveau finement émincé
40 g de raisins secs
60 ml de vinaigrette
6 grosses feuilles de laitue romaine

Mélangez le riz, les haricots, la pomme, le céleri, l'oignon, les raisins secs et la vinaigrette dans un grand saladier. Répartissez le mélange de garniture dans les feuilles de laitue. Enroulez pour faire des petits paquets.

Préparez et roulez juste avant de servir.

Conservation La garniture couverte au réfrigérateur se conserve 2 jours maximum.

Crackers et mousse d'avocat

Pour 6 personnes.

175 g de biscuits salés
200 g de mousse d'avocat (voir page 24)
100 g de haricots rouges en boîte égouttés
1 petite tomate finement émincée (130 g)
60 g de gruyère grossièrement râpé

Disposez les biscuits sur une assiette. Mettez des cuillerées de mousse d'avocat et placez les haricots et la tomate au sommet. Parsemez de fromage et servez immédiatement.

Notre suggestion
Vous pouvez utiliser n'importe quel biscuit salé, des biscottes, voire des chips de maïs si votre enfant est assez grand.

Côtelettes au barbecue

Pour 6 personnes.

6 côtelettes d'agneau
60 ml de sauce barbecue
60 ml de sauce aux prunes*

Dégraissez les côtelettes. Badigeonnez chaque côtelette avec les sauces mélangées. Faites cuire les côtelettes sur une grille huilée et chauffée (ou sur un gril de barbecue) et faites dorer des deux côtés jusqu'à ce que les côtelettes soient tendres. Badigeonnez de temps en temps de la sauce restante. Empaquetez les côtelettes refroidies dans une mallette de pique-nique avec de la salade et du pain.

Préparez juste avant de servir.

Conservation Couvrez et conservez au réfrigérateur 2 jours maximum.

* Voir glossaire.

Crackers et mousse d'avocat

Tartelettes au fromage et aux légumes

Pour 9 tartes.

- **1 feuille de pâte brisée prête à cuire**
- **¹/₂ petite tomate finement émincée (65 g)**
- **¹/₂ petite carotte finement émincée (35 g)**
- **¹/₂ petite courgette finement émincée (45 g)**
- **50 g de haricots rouges en boîte égouttés**
- **2 c. s. de petits pois surgelés décongelés**
- **80 g de gruyère finement râpé**

Coupez la pâte en neuf ronds de 7,5 cm. Aplatissez les ronds de pâte dans les moules à tartelettes huilés, piquez la pâte avec une fourchette ou une broche. Faites cuire à four moyen 15 minutes et faites dorer légèrement.

Pendant ce temps, mélangez la tomate, la carotte, la courgette, les haricots et les petits pois dans un petit saladier. Répartissez le mélange dans les moules et parsemez de fromage au sommet de chacun. Faites cuire à four moyen 10 minutes ou jusqu'à ce que le fromage fonde.

Conservation Couvrez et conservez au réfrigérateur un jour maximum.

Tortillas au poulet

Pour 6 tortillas.

- **225 g de blancs de poulet coupés en morceaux**
- **60 ml de mayonnaise**
- **60 ml de crème fraîche**
- **3 x 20 cm de tortilla**
- **55 g de laitue découpée en fines lanières**
- **2 petites tomates finement émincées (260 g)**
- **60 g de gruyère grossièrement râpé**

Mélangez le poulet, la mayonnaise et la crème dans un saladier moyen. Répartissez le mélange, la laitue, la tomate et le fromage entre les tortillas. Enroulez bien autour de la garniture. Coupez en deux au moment de servir.

Préparez juste avant de servir.

Tartelettes au fromage et aux légumes (en haut) ; tortillas au poulet (ci-contre).

Les petits raffolent des fruits

En commençant par les fruits frais coupés en morceaux incorporés dans des muffins ou dans des gâteaux, les recettes avec les fruits sont nombreuses, nourrissantes et toujours appréciées.

Petits cakes aux poires et à la cannelle

Pour 24 cakes.

1 poire moyenne (230 g)
125 ml d'huile
75 g de sucre en poudre
1 œuf
75 g de farine
75 g de farine avec levure incorporée
1/4 de c. c. de cannelle moulue
1/2 c. c. de sucre en poudre supplémentaire

Beurrez deux petits moules à muffins à 12 trous (2 cuillerées à soupe/40 ml). Épluchez et coupez la poire, ôtez et jetez le trognon. Coupez en morceaux de 1 cm. Ajoutez l'huile, le sucre et l'œuf ensemble dans un saladier moyen.

Ajoutez les farines et la poire. Remuez jusqu'à obtenir une consistance onctueuse. Versez plusieurs cuillerées à soupe de ce mélange dans chaque trou du moule. Saupoudrez avec la cannelle et le sucre en poudre mélangés. Faites cuire à four moyen environ 15 minutes. Faites refroidir sur une grille : servez chaud ou froid.

Conservation 3 jours maximum dans un récipient hermétique.

Crumble aux fruits.

Petits cakes de poires à la cannelle.

Crumble aux fruits

Pour 2 personnes.

1 petite poire (180 g)
1 petite pomme (130 g)
2 c. c. de sucre en poudre
80 g de farine complète
60 g de beurre coupé en gros morceaux
50 g de sucre roux
1 c. s. de flocons d'avoine
une pincée de cannelle

Épluchez, ôtez le trognon et émincez finement la poire et la pomme. Mettez au four dans un plat beurré d'une capacité de deux tasses (500 ml), saupoudrez de sucre en poudre. Placez la farine dans un petit saladier, incorporez-la en travaillant le beurre avec les doigts jusqu'à ce que le mélange ressemble à des miettes de pain. Ajoutez en remuant, le sucre roux et les flocons d'avoine. Saupoudrez le tout sur les fruits avec la cannelle. Faites cuire à four moyen pendant 25 minutes ou jusqu'à ce que la surface soit bien dorée.

Conservation Couvrez et conservez au réfrigérateur 2 jours maximum.

Délices de fruits

Ne vous contentez pas de couper les fruits en morceaux avant de les servir ; avec un peu d'ingéniosité et une présentation originale, les fruits tenteront même les enfants les plus exigeants, et l'enfant trouvera sûrement son compte dans cette variété.

Les nashis (fruit du Japon qui ressemble à une poire) sont une alternative plus sucrée et croquante aux variétés de poires plus classiques comme les Williams ou les Comices. La poire est savoureuse accompagnée de cubes de fromage.

Un petit dessert exceptionnel : trempez les fraises mûres dans du chocolat fondu, ce qui donne des fraises noires ou blanches.

Des quartiers d'orange et de mandarine glacées désaltèrent, les jours de grande chaleur.

Facile à digérer, le melon (et son cousin le melon vert d'Espagne) peut être servi en tranches fines ou en cubes.

Toujours populaires, les raisins doivent être épépinés et épluchés pour les tout-petits.

En-cas idéal, le kiwi peut être évidé à la cuillère.

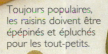

Pour changer de la pomme traditionnelle, on peut tremper des quartiers épluchés dans un mélange de sucre agrémenté d'une pincée de cannelle.

La pastèque est toujours appréciée des petits. Pour les tout-petits, essayez d'ôter autant de pépins que possible.

Découpez la chair de la mangue en cubes comme ci-dessous, puis retournez la peau comme un gant pour un petit extra tropical facile à déguster.

Servez des morceaux de banane avec des dattes fraîches sucrées (dénoyautées) ou insérez un bâtonnet de glace et fabriquez des « queues de singes » (voir recette page 104).

Petits rochers aux raisins

Pour 18 gâteaux.

- **300 g de farine avec levure incorporée**
- **1/4 de c. c. de cannelle en poudre**
- **90 g de beurre en gros morceaux**
- **75 g de sucre en poudre**
- **160 g de raisins secs**
- **1 œuf légèrement battu**
- **125 ml de lait environ**
- **1 c. s. de sucre en poudre**
  supplémentaire

Tamisez la farine et la cannelle au-dessus d'un grand saladier. Incorporez le beurre du bout des doigts, ajoutez en remuant le sucre et les raisins secs. Ajoutez l'œuf puis assez de lait pour mouiller la pâte mais tout en la gardant ferme. Versez plusieurs cuillerées à soupe de ce mélange tous les 5 cm sur la plaque du four beurrée. Saupoudrez d'un peu de sucre en poudre restant sur chaque gâteau. Faites cuire à four moyen pendant 15 minutes ou jusqu'à ce que la surface soit bien dorée. Détachez les gâteaux de la plaque et faites refroidir sur des plateaux.

Conservation 3 jours maximum dans un récipient hermétique.

Barres aux abricots

S'il y a de gros morceaux de fruits secs dans le müesli, hachez-les pour éviter le risque d'étouffement.

- **185 g de beurre**
- **2 c. s. de sirop d'érable ou de miel**
- **35 g de farine avec levure incorporée**
- **35 g de farine**
- **55 g de müesli naturel**
- **100 g de sucre roux**
- **75 g d'abricots secs finement**
  découpés
- **40 g de raisins secs**
- **20 g de flocons d'avoine**
- **20 g de noix de coco en poudre**
- **2 œufs légèrement battus**

Beurrez un moule long à bords plats. Tapissez de papier sulfurisé.

Mélangez le beurre et le sirop dans une petite casserole. Faites cuire à feu doux en remuant pour faire fondre le beurre. Mélangez les farines tamisées, le müesli et le sucre, les abricots, les raisins secs, les flocons d'avoine et la noix de coco ensemble dans un grand saladier. Ajoutez les œufs et le mélange de beurre fondu.

Répartissez la pâte dans le moule préparé. Faites cuire à four moyen pendant 25 minutes. Laissez refroidir dans le moule. Découpez en barres avant de servir.

Conservation 4 jours maximum dans un récipient hermétique.

Petits rochers aux raisins.

Barres aux abricots.

Gros cookies au chocolat

Pour 3 douzaines de cookies.

- **1 œuf**
- **100 g de sucre roux**
- **60 ml d'huile**
- **100 g de farine**
- **75 g de farine avec levure incorporée**
- **1/4 de c. c. de bicarbonate de soude**
- **100 g de chocolat noir fondu**
- **110 g de pépites de chocolat**

Glaçage au chocolat

- **20 g de beurre fondu**
- **75 g de chocolat noir fondu**
- **110 g de sucre glace**
- **2 c. c. de lait environ**

Battez l'œuf et le sucre dans un saladier moyen avec un mixeur électrique environ une minute ou jusqu'à ce que le mélange change de couleur. Incorporez l'huile, les ingrédients secs tamisés puis le chocolat fondu refroidi (le mélange doit être onctueux). Couvrez et réfrigérez pendant 1 heure.

Utilisez des cuillerées à café pleines de pâte pour faire des boules. Placez-les à intervalles de 5 cm sur la plaque du four huilée. Faites cuire à four moyen environ 8 minutes ou jusqu'à obtenir une consistance croustillante et légèrement ferme. Laissez cuire 5 minutes avant de faire refroidir sur des grilles.

Saupoudrez le dessus des cookies de glaçage chocolaté et surmontez des pépites de chocolat noir. On peut aussi saupoudrer de sucre glace.

Glaçage au chocolat Mélangez le beurre refroidi et le chocolat avec le sucre glace dans un petit saladier. Ajoutez assez de lait pour faire une pâte onctueuse.

Conservation 4 jours maximum dans un récipient hermétique.

Gros cookies au chocolat.

73

Cookies croustillants

Pour 2 douzaines de cookies.

90 g de beurre
60 ml de miel
2 c. s. de sirop d'érable
150 g de farine avec levure incorporée
90 g de noix de coco en poudre
30 g de corn-flakes
160 g de raisins secs
95 g de pépites de chocolat

Mélangez le beurre, le miel et le sirop d'érable dans une casserole moyenne. Remuez en chauffant pour faire fondre le beurre. Faites refroidir 5 minutes. Ajoutez les autres ingrédients et mélangez bien. Disposez plusieurs cuillerées à soupe de pâte à 5 cm d'intervalle sur la plaque du four huilée. Faites cuire à feu moyen pendant environ 12 minutes. Laissez reposer 5 minutes. Faites refroidir sur des grilles.

Conservation Une semaine maximum dans un récipient hermétique.

Cookies croustillants.

Boisson gazeuse aux fruits

Pour 3 tasses (750 ml).

250 g de pastèque épépinée et coupée en morceaux
250 g d'ananas épluché et coupé en morceaux
2 petites oranges épluchées et coupées en morceaux (360 g)
250 ml d'eau minérale gazeuse

Mélangez ou mixez la pastèque, l'ananas et l'orange pour rendre le mélange bien liquide. Égouttez le jus dans une grande carafe juste avant de servir et mélangez avec de l'eau minérale gazeuse.

Citronnade

Pour 4 tasses (1 l).

110 g de sucre
125 ml d'eau
125 ml de jus de citron
750 ml d'eau supplémentaires

Mélangez le sucre et l'eau dans une petite casserole. Faites chauffer à feu doux en remuant sans faire bouillir et faites fondre le sucre. Portez à ébullition. Faites mijoter sans couvrir pendant 2 minutes. Incorporez le jus de citron, et laissez reposer 30 minutes. Égouttez le mélange citronné dans une carafe et ajoutez de l'eau. Réfrigérez selon vos goûts.

Gâteau express à la banane

Vous avez besoin d'environ deux bananes très mûres presque blettes pour cette recette.

125 g de beurre
150 g de sucre roux
2 œufs
80 ml de crème fraîche
225 g de farine avec levure incorporée
1/2 c. c. de bicarbonate de soude
2 bananes écrasées (460 g)

Glaçage au citron
160 g de sucre glace
3 c. c. de beurre ramolli
1 c. s. de jus de citron
2 c. c. d'eau chaude environ

Beurrez un moule à cake carré de 19 cm et tapissez l'intérieur de papier sulfurisé.

Battez le beurre et le sucre dans un petit saladier avec un mixeur électrique jusqu'à obtenir une pâte légère et mousseuse. Ajoutez les œufs, la crème fraîche, la farine et le bicarbonate de soude. Battez à vitesse modérée pendant une minute. Répartissez la pâte dans le moule préparé. Faites cuire à feu moyen pendant 45 minutes. Laissez reposer le cake pendant 10 minutes. Laissez refroidir sur une grille. Lorsqu'il est froid, recouvrez le gâteau de glaçage au citron.

Glaçage au citron Mélangez le sucre glace, le beurre et le jus dans un petit saladier. Ajoutez assez d'eau pour lui donner une consistance qui permettra de l'étaler.

Conservation 4 jours maximum au réfrigérateur, dans un récipient hermétique.

Gâteau express à la banane.

Des boissons délicieuses...

Si l'eau reste la meilleure façon de se désaltérer pour les petits, les boissons aux fruits changent de l'ordinaire et sont très nutritives. C'est également un bon moyen d'ajouter des fruits au régime de l'enfant.

Boisson gazeuse aux fruits et citronnade faite maison.

...et pétillantes

Des repas pour toute la famille

La vie deviendra pour vous plus facile quand votre enfant adoptera le même régime que toute la famille. Mais les grands vont aussi devoir s'adapter un peu : il y aura peut-être un peu moins de plats épicés ou relevés, les préparations en sauce avec du vin ou flambées se feront aussi plus rare. Et encore… Car il n'y a pas grand-chose qu'un enfant en bonne santé ne puisse pas manger, même en petite quantité. Pensez à prélever sur le plat principal une part pour votre enfant avant d'y ajouter des épices, mais rien ne vous empêche de lui faire goûter votre recette ou d'introduire dans son assiette quelques épices. Un enfant est d'autant plus curieux de tester de nouvelles saveurs qu'on lui aura proposé dès tout-petit une nourriture variée.

Adapter les repas familiaux pour convenir au plus petit ne devrait donc pas poser de gros problèmes. Dans un premier temps, vous devrez découper les aliments en petits morceaux et, pour les tout-petits, les écraser ou les mixer. Continuez à servir à votre enfant les aliments qu'il aime, mais proposez-lui aussi les goûts que vous aimez – ce sera plus facile s'il partage votre repas. Enfin, n'insistez pas pour que tout soit mangé et n'en faites pas un drame. Si le repas ne se transforme pas en champ de bataille, votre enfant réalisera bien vite que certaines choses goûtées dans votre assiette ne sont pas aussi mauvaises qu'il le craignait.

Comment adapter vos recettes favorites

Le passage à la table des grands n'implique pas de grands bouleversements. Rien ne vous empêche de préparer vos recettes favorites, en gardant à l'esprit toutefois que certains ingrédients seront plus difficiles à faire passer auprès d'un tout-petit. Et peut-être allez-vous vous montrer plus vigilante pour toute la famille et parvenir à faire passer tout en douceur une alimentation plus saine…

• Un repas équilibré et sain doit combiner différents types d'aliments (voir « Les cinq groupes d'aliments », p. 81). Mais soyez réaliste et gardez toujours à l'esprit la globalité de l'alimentation : si votre enfant mange des aliments variés pendant une semaine, un ou deux repas ne remplissant pas les conditions n'iront pas jusqu'à provoquer de la malnutrition.

• Pour réduire en purée la nourriture de l'enfant, ajoutez un peu d'eau bouillie, du lait ou du bouillon sans sel jusqu'à obtention de la consistance.

• La texture des aliments est importante : une viande très tendre est plus attrayante pour un petit,

et vous devrez en tenir compte quand vous faites les courses.

• Réduisez les graisses saturées (beurre, crème), dégraissez la viande et enlevez la peau du poulet. Souvenez-vous cependant que la graisse est une part essentielle de l'alimentation des bébés et des petits ; les produits laitiers doivent être entiers, sauf avis médical contraire.

• Utilisez des herbes, de l'ail et de l'oignon pour relever le goût de vos préparations et réduire l'emploi de sel.

• Une cuisson vapeur ou au micro-ondes conserve les éléments nutritifs. Si vous faites bouillir les aliments, utilisez de petites quantités d'eau et réservez le liquide de cuisson pour en faire du bouillon. Si vous épluchez vos légumes, faites-le très légèrement car les vitamines

sont logées juste sous la peau.

• Utilisez des poêles anti-adhésives pour éviter de mettre trop d'huile.

• Faites cuire au four la viande sur une grille, afin que la graisse s'écoule.

• Même si votre enfant ne mange pas encore à table avec vous, n'oubliez pas de lui garder un peu de votre repas que vous réfrigérerez ou congèlerez pour lui servir à un autre moment. Sur la page ci-contre, nous donnons un exemple de menus pour 1 semaine. Vous pourrez constater qu'il est facile de choisir des repas appréciés de toute la famille. Mélangez et assemblez les plats à votre goût, mais souvenez-vous que vous ne gérez pas un restaurant et évitez de vous engager dans des compositions savantes et fastidieuses.

Exemples de menus pour la semaine

Menu 1

Plat principal	Soupe de riz et de légumes
	Petit pain à la ciboulette et au bacon
Dessert	Strudel à la poire et au fromage blanc

Menu 2

Plat principal	Omelette paysanne au four
	Salade mixte
Dessert	Compote de rhubarbe et de fruits rouges

Menu 3

Entrée	Soupe de potiron
Plat principal	Carré d'agneau avec couscous à l'orange
	Salade mixte

Menu 4

Entrée	Rouleaux de légumes dans des feuilles de riz
	Poulet laqué thaï
	Riz au jasmin à la vapeur
	Salade mixte

Menu 5

Plat principal	Gratin aux fèves et aux poireaux
	Salade mixte
Dessert	Gâteau au fromage blanc à l'orange

Menu 6

Plat principal	Saumon et beurre citronné
Dessert	Glace express et salade de fruits

Menu 7

Plat principal	Poulet rôti du dimanche
Dessert	Délice au citron

L'alimentation végétarienne

Si vous optez pour une alimentation végétarienne pour votre bébé, prenez conseil auprès d'un pédiatre ou d'un nutritionniste. Ce type d'alimentation doit être parfaitement maîtrisé pour demeurer sans risque.

Au cours des 6 premiers mois, c'est la mère qui apportera au bébé les éléments nutritifs dont il a besoin grâce au lait maternel (ou au lait maternisé). Le lait est vital dans la première année de la vie de l'enfant, et si vous choisissez un régime végétarien, il vaut mieux allaiter le plus longtemps possible. Des laits vitaminés peuvent être utilisés et des laits de soja sont également disponibles. C'est après le sevrage, lorsque l'enfant commence à manger de tout, que le régime végétarien peut poser des problèmes.

Si votre régime inclut les produits laitiers et les œufs, il sera facile de trouver les éléments nécessaires à une bonne croissance. Si vous servez du poisson, le régime alimentaire de votre enfant reste tout à fait équilibré.

En fait, le problème se pose si vous êtes végétalien (c'est-à-dire si votre régime est basé exclusivement sur les aliments végétaux).

Malgré vos convictions personnelles, il vous faudra vous montrer plus souple : un régime végétalien strict est excessif pour un enfant et n'inclut pas assez de graisses ni de protéines, en particulier pour un enfant en pleine croissance.

Quand vous adaptez les recettes pour convenir à un régime végétarien, ne vous contentez pas de supprimer la viande. Apprenez à mélanger deux protéines végétales (et augmentez la part des féculents) de telle sorte que la somme totale des acides aminés soit suffisante pour combler les besoins alimentaires de l'enfant. Des substituts à la viande peuvent être constitués par les légumes secs (comme les haricots blancs), les fruits secs, le tofu ou éventuellement le poisson. Le fromage, les œufs, les fruits secs pilés peuvent être ajoutés à de nombreux plats pour épaissir des sauces. Dès que possible, choisissez des pâtes et des pains complets et faites cuire les pommes de terre avec la peau. Utilisez le lait, le fromage, le fromage frais, le yaourt et le babeurre (ou lait ribot) aussi souvent que possible.

Au quotidien, introduisez les nouveaux aliments un par un et observez les réactions de votre enfant avant d'en proposer un autre.

Principes d'une alimentation équilibrée

Notre alimentation est aujourd'hui assez différente de celle de nos parents. Elle est plus variée, et souvent plus légère. Cependant, les principes fondamentaux restent les mêmes.

Planifier des repas équilibrés pour votre enfant est assez facile. Il faut tout simplement penser à inclure un peu de chacun des cinq grands groupes d'aliments dans les repas quotidiens afin de fournir les aliments essentiels à la croissance. Beaucoup d'enfants savent très bien ce qu'ils veulent ou ce qu'ils ne veulent pas manger, d'autres ont des périodes où ils ne mangent presque rien. Restez souple et soyez capable de relativiser. Considérez l'alimentation de votre enfant sur une semaine plutôt que de vous braquer sur une journée ratée où il n'a rien voulu manger. Et rappelez-vous aussi que de nombreuses combinaisons d'aliments peuvent fournir les éléments nutritifs indispensables et que l'alimentation de votre enfant peut être très différente de celle d'un autre tout en restant saine et nourrissante.

L'eau est un élément très important. Encouragez votre enfant à en boire dès tout-petit et ne lui donnez pas trop le goût des boissons sucrées. Certes, un jus de fruits est une source de vitamine C, mais un tout-petit n'a pas besoin d'en boire systématiquement. L'eau le désaltèrera beaucoup mieux et ne provoquera pas de carie.

Les cinq groupes d'aliments

1 Le pain, les céréales

Ce groupe fournit des hydrates de carbone pour l'énergie, du fer, des vitamines B et des fibres. Prévoyez d'en servir 6 portions ou plus par jour. On peut par exemple servir 1 tranche de pain ou 2 tranches de pains grillés suédois, ou encore 1/2 tasse de pâtes ou de riz cuit.

2 Les fruits, les légumes et les salades

Ce groupe fournit des hydrates de carbone, du fer et d'autres minéraux, du calcium, plusieurs vitamines y compris la vitamine C et des fibres. Essayez d'en servir 6 portions ou plus par jour. On peut proposer un morceau de fruit ou une moitié de pomme de terre, ou 1/2 tasse de légumes ou de salade de fruits ou 150 ml de jus de fruits.

3 Le lait et les produits laitiers

Ce groupe fournit du calcium, des protéines, des graisses et plusieurs vitamines et minéraux. Parce que les bébés ont plus besoin de graisses que les adultes, les produits laitiers que vous servez à votre enfant doivent être entiers, sauf avis médical contraire. Il est recommandé d'en servir trois fois par jour. Par exemple, 250 ml de lait ou 200 g de yaourt ou 30 g de fromage.

4 Le poisson, la viande et les œufs

Ce groupe est la source principale de protéines, essentielles à la croissance et à la réparation des cellules du corps. Dans les régimes végétariens, il faudra veiller à fournir assez de protéines de sources non animales (œufs, produits laitiers, haricots de soja et légumes secs). On recommande 150 g de poisson par jour, ou 125 g de viande rouge ou blanche, ou 2 œufs.

5 Les graisses et les huiles

Même s'il est important de ne pas en abuser, graisses et huiles restent une source très importante de vitamines A et D. Les graisses insaturées sont meilleures pour la santé (huiles végétales et huiles de noix) que les huiles saturées (beurre, crème et graisse animale). On peut servir 1 cuillerée à café d'huile ou 1 cuillerée à soupe de fruits secs (ne donnez pas les fruits secs avec les coques aux enfants de moins de 5 ans).

Soupe de riz et de légumes

Pour 4 à 6 personnes.

- **1 c. s. d'huile d'olive**
- **1 oignon moyen finement émincé**
- **1 branche de céleri épluchée finement émincée (75 g)**
- **1 carotte moyenne coupée en gros morceaux (120 g)**
- **1 l de bouillon de légumes (4 tasses)**
- **2 x 400 g de tomates pelées en boîte**
- **420 g de haricots rouges en boîte rincés et égouttés**
- **100 g de riz blanc longs grains**
- **1/2 c. c. de sucre**
- **2 c. s. de feuilles de basilic finement hachées**
- **25 g de parmesan finement râpé**

Soupe de riz et de légumes réduite en purée pour les bébés.

Faites chauffer l'huile dans une grande poêle. Faites cuire l'oignon, le céleri et la carotte en remuant jusqu'à ce que l'oignon soit tendre. Ajoutez le bouillon et les tomates écrasées non égouttées, les haricots, le riz et le sucre. Portez à ébullition. Faites mijoter sans couvrir à peu près 20 minutes ou jusqu'à ce que le riz soit tendre. Servez la soupe en la saupoudrant de basilic et de fromage.

Conservation Couvrez et conservez au réfrigérateur 2 jours maximum.

Congélation Possible.

Pour les bébés Réduire en purée plus ou moins épaisse selon les goûts.

Pour les tout-petits Écrasez légèrement pour adapter la recette au stade de développement de l'enfant.

Soupe de riz et de légumes pour les tout-petits.

Soupe de riz et de légumes.

Petits pains à la ciboulette et au bacon

- **2 tranches de bacon découpées finement**
- **300 g de farine avec levure incorporée**
- **30 g de beurre**
- **60 g de gruyère râpé grossièrement**
- **2 c. s. de ciboulette fraîche finement hachée**
- **125 ml de lait**
- **125 ml d'eau environ**

Faites cuire le bacon dans une poêle huilée à feu moyen. Remuez jusqu'à ce que le bacon soit brun et croustillant. Égouttez-le sur le papier absorbant.

Mettez la farine dans un grand saladier, incorporez le beurre avec les doigts, puis le fromage, la ciboulette et le bacon. Ajoutez le lait et assez d'eau pour en faire une pâte souple et collante. Mettez la pâte sur une surface farinée et pétrissez-la pour la rendre bien souple. Façonnez des boulettes de pâte de 14 cm et placez-les sur la plaque du four huilée. Faites une rainure de 1 cm de profondeur dans la pâte. Badigeonnez avec un peu de lait, saupoudrez de farine. Faites cuire à four moyen pendant 25 minutes.

Préparez le jour même.

Pour les bébés Servez une petite portion de pain en petits morceaux.

Pour les tout-petits Servez comme indiqué ci-dessus.

Petits pains à la ciboulette et au bacon.

Ragoût de bœuf et de légumes.

Ragoût de bœuf et de légumes

Pour 4 à 6 personnes.

Dans cette recette, on utilise de la patate douce qui peut-être remplacée par des navets ou du potiron.

- **1 c. s. d'huile d'olive**
- **500 g de fines lamelles de bœuf**
- **1 oignon moyen coupé grossièrement (150 g)**
- **1 courgette moyenne en grosses tranches (120 g)**
- **1 poivron rouge coupé grossièrement (200 g)**
- **85 g de patate douce coupée en gros morceaux**
- **1 branche de céleri épluchée et coupée grossièrement (75 g)**
- **125 g de champignons de Paris émincés grossièrement**
- **400 g de tomates pelées en boîte**
- **420 g de haricots blancs en boîte**

Faites chauffer l'huile dans une grande poêle. Faites cuire le bœuf et faites brunir. Retirez le bœuf et ajoutez l'oignon. Faites cuire en remuant jusqu'à ce que l'oignon soit tendre. Ajoutez la courgette, le poivron, la patate douce et le céleri. Faites cuire en remuant pendant une minute. Retournez le bœuf et le jus de viande dans la poêle avec les champignons, les tomates pelées écrasées mais non égouttées et les haricots blancs. Portez à ébullition. Faites mijoter en couvrant pendant 10 minutes ou jusqu'à ce que les légumes soient tendres. On peut servir avec une purée de pommes de terre.

Conservation Couvrez et conservez au réfrigérateur 2 jours maximum.

Congélation Possible.

Pour les bébés Réduire en purée.

Pour les tout-petits Coupez en petits morceaux.

Notre suggestion Servez chaque portion accompagnée d'un morceau de pain gratiné au fromage ; saupoudrez des morceaux de baguettes coupés en deux dans la longueur, de fromage râpé et de persil haché, et faites griller à four chaud.

Crème de poulet

Pour 4 personnes.

- **1 c. s. d'huile d'olive**
- **1 oignon moyen finement émincé (150 g)**
- **1 gousse d'ail pilée**
- **4 cuisses de poulet finement émincées (440 g)**
- **2 carottes moyennes coupées en gros morceaux (240 g)**
- **2 branches de céleri épluchées et coupées en gros morceaux (150 g)**
- **310 g de maïs en boîte**
- **1 l de bouillon de poule (4 tasses)**
- **180 g de pâtes courtes (coquillettes, petits macaronis, etc.)**
- **125 ml de crème fraîche**
- **1 c. s. de persil finement haché**

Faites chauffer l'huile dans une grande poêle. Faites cuire l'oignon et l'ail en remuant jusqu'à ce que l'oignon soit tendre. Ajoutez le poulet, la carotte, le céleri, le maïs et le bouillon. Portez à ébullition. Faites mijoter en couvrant 20 minutes. Ajoutez les pâtes. Faites mijoter, sans couvrir, pendant 20 minutes ou jusqu'à ce que les pâtes soient tendres. Ajoutez de la crème. Réchauffez sans faire bouillir, servez en saupoudrant de persil haché.

Conservation Couvrez et conservez au réfrigérateur 2 jours maximum.

Pour les bébés Réduire en purée.

Pour les tout-petits Coupez en petits morceaux.

Crème de poulet.

Faites chauffer l'huile dans une grande poêle. Faites cuire l'agneau jusqu'à ce que la viande brunisse de tous les côtés. Ajoutez l'oignon et l'ail et faites cuire en remuant jusqu'à ce que l'oignon soit tendre. Retournez l'agneau et le jus de viande pour l'ajouter aux pommes de terre, aux carottes, à l'aubergine, au poivron, au poireau, aux tomates écrasées non égouttées, à l'eau et aux herbes. Faites mijoter en couvrant pendant 1 heure. Ajoutez les champignons. Faites mijoter sans couvrir pendant 20 minutes ou jusqu'à ce que l'agneau soit tendre et que le mélange épaississe.

Conservation Couvrez et conservez au réfrigérateur 2 jours maximum.

Congélation Possible.

Pour les bébés Réduire en purée avec de l'eau bouillie refroidie ou du lait maternisé.

Pour les tout-petits Coupez en petits morceaux.

Blanquette de poulet

Pour 4 à 6 personnes.

1 kg d'escalopes de poulet en morceaux

1 oignon moyen finement émincé (150 g)

125 g de champignons de Paris coupés en deux

2 branches de céleri épluchées et finement émincées (150 g)

400 g de tomates pelées en boîte

1 gousse d'ail pilée

1 c. c. d'herbes de Provence

40 g de soupe à l'oignon en sachet

250 ml d'eau

Dégraissez le poulet. Placez le poulet dans un plat allant au four huilé de 3,5 l de capacité avec les oignons, les champignons, le céleri, les tomates écrasées non égouttées, l'ail et les herbes. Mélangez bien. Versez la soupe à l'oignon et l'eau sur le mélange avec le poulet. Faites cuire à four moyen sans couvrir pendant 1 heure ou jusqu'à ce que le poulet soit tendre. Servez avec du riz blanc à la vapeur.

Conservation Couvrez et conservez au réfrigérateur 2 jours maximum.

Congélation Possible.

Pour les bébés Réduire en purée le poulet, le riz et la sauce. On peut diluer un peu avec de l'eau bouillie refroidie.

Pour les tout-petits Coupez le poulet et les légumes en petits morceaux et servez avec du riz.

Ragoût d'agneau à la provençale

Pour 4 personnes.

Si vous ne disposez pas d'herbes fraîches, remplacez-les par 1/2 cuillerée à café de thym, d'origan et de feuilles de basilic séchées.

1 c. s. d'huile d'olive

1 kg d'agneau coupé en dés

1 oignon moyen finement émincé (150 g)

1 gousse d'ail pilée

6 petites pommes de terre nouvelles coupées en deux (240 g)

2 carottes moyennes émincées grossièrement (240 g)

1 petite aubergine émincée finement (60 g)

1 poivron rouge moyen coupé grossièrement (200 g)

1 poireau moyen émincé grossièrement (350 g)

2 x 400 g de tomates pelées en boîte

125 ml d'eau

1 c. c. de thym

1 c. c. d'origan

2 c. c. de feuilles de basilic finement hachées

125 g de champignons de Paris coupés en deux

Tourte au bœuf et aux rognons

Pour 4 à 6 personnes.

- 1 rognon d'agneau
- 500 g de bifteck dans la bavette farine
- 1 petit oignon finement émincé (80 g)
- 1 petite carotte coupée en gros morceaux (80 g)
- 1 branche de céleri épluchée et coupée en gros morceaux (75 g)
- 55 g de navets coupés en gros morceaux
- 200 ml d'eau
- 1 feuille de pâte feuilletée prête à cuire
- 2 c. c. de lait

Retirez toute peau et graisse du rognon. Coupez-le dans le sens de la longueur, ôtez la graisse qui se trouve à l'intérieur. Rincez le rognon sous l'eau froide, séchez-les, puis coupez-le en fines tranches. Coupez le bœuf en petits cubes de 2 cm. Roulez le bœuf et le rognon dans la farine. Secouez pour ôter l'excédent. Mélangez le rognon, le bœuf, les légumes et l'eau dans une casserole moyenne. Portez à ébullition. Faites mijoter en couvrant pendant 45 minutes ou jusqu'à ce que le bœuf soit tendre.

Transférez la garniture dans un plat à tourte huilée de 23 cm. Laissez refroidir pendant 10 minutes. Étalez la pâte feuilletée sur la garniture. Répartissez bien puis badigeonnez de lait. Décorez la pâte avec des restes de pâtes, faites deux petites rainures sur la pâte. Faites cuire à four chaud pendant 15 minutes ou jusqu'à ce que la surface soit dorée.

Conservation Couvrez et conservez au réfrigérateur 2 jours maximum.

Congélation Possible pour la garniture cuite.

Pour les bébés Réduire en purée avec de l'eau bouillie refroidie ou du lait maternisé. Mélangez avec une purée de pommes de terre.

Pour les tout-petits Coupez en petits morceaux.

Notre suggestion Couvrez la tourte avec de la purée de pommes de terre mélangée à du fromage râpé et à de la chapelure.

Ragoût d'agneau à la provençale (en haut à gauche) ; blanquette de poulet (en bas à gauche) ; tourte au bœuf et au rognon (à droite).

Omelette paysanne au four

Pour 4 personnes.

4 pommes de terre moyennes (800 g)
4 œufs
70 g de jambon à l'os
1 tomate moyenne finement émincée (190 g)
2 oignons nouveaux finement émincés
1 c. s. de persil finement haché
125 g de gruyère râpé grossièrement

Râpez les pommes de terre grossièrement. Avec les mains, pressez l'excédent d'eau. Battez les œufs légèrement dans un grand saladier. Ajoutez les pommes de terre, le jambon, la tomate, l'oignon, le persil et la moitié du fromage, mélangez bien. Répartissez le mélange dans un plat allant au four peu profond d'une capacité de 1,5 l. Saupoudrez avec le fromage restant. Faites cuire à four moyen environ 40 minutes ou jusqu'à ce que le dessus soit doré.

Conservation Couvrez et conservez au réfrigérateur 2 jours maximum.

Pour les bébés Réduire en purée avec de l'eau bouillie ou du lait maternisé.

Pour les tout-petits Servez comme indiqué dans la recette.

Poulet laqué thaï

Pour 4 à 6 personnes.

8 cuisses de poulet (1,2 kg)
2 c. c. de sauce chili sucrée
1 c. c. de sauce au poisson (nuoc-mâm)*
2 c. c. d'huile
2 c. c. de coriandre fraîche
1 c. s. de jus de citron vert
2 c. c. de sauce de soja

Dégraissez le poulet. Placez-le dans un grand saladier avec les autres ingrédients. Couvrez et réfrigérez 2 heures ou pendant une nuit.

Faites cuire le poulet sur un gril huilé (ou sur un barbecue) jusqu'à ce que le poulet soit bien doré et cuit à l'intérieur. On peut le servir avec de la salade.

Conservation Couvrez et conservez au réfrigérateur un jour maximum.

Congélation Possible pour le poulet mariné cru.

Pour les bébés Ne convient pas.

Pour les tout-petits Servez comme ci-dessus en éminçant finement avec des légumes variés.

* Voir glossaire.

Mini burgers

Pour 6 personnes.

500 g de bœuf haché
2 c. c. de sauce tomate
1 petit oignon finement émincé (90 g)
1 œuf
6 petits pains ronds
2 c. s. de sauce tomate supplémentaires
6 tranches fines de fromage
2 petites tomates olivettes finement émincées
6 petites feuilles de laitue

Avec les mains, mélangez la viande hachée, la sauce, l'oignon et l'œuf dans un grand saladier. Façonnez 12 galettes (congelez 6 galettes à utiliser plus tard).

Faites cuire les galettes sur une plaque en fonte huilée jusqu'à ce qu'elles soient cuites à l'intérieur.

Pendant ce temps, faites cuire au four des petits pains selon les instructions du boulanger. Partagez en deux. Répartissez la sauce tomate dessus. Surmontez les galettes de fromage. Passez au gril jusqu'à ce que le fromage fonde. Surmontez de tomate, de laitue et recouvrez du chapeau du petit pain rond.

Préparez de préférence juste avant de servir.

Congélation Possible pour les galettes crues.

Pour les bébés Réduire les galettes en purée, en ajoutant si besoin de l'eau bouillie refroidie.

Pour les tout-petits Servez en quartiers.

Omelette paysanne au four (en haut à gauche) ; poulet laqué thaï (en haut à droite).

Quelques idées sympathiques pour le barbecue

Les tout-petits adorent ce type de repas, comme tous les autres membres de la famille, d'ailleurs. Et soyons honnêtes, un petit de 2 ans avec un hamburger dans les mains est plus à l'aise sur la pelouse que sur le tapis du salon !

• Pour adapter ces recettes pour les tout-petits, faites mariner de petites quantités de viande dans des sauces simples et peu relevées, par exemple de la sauce de soja un peu diluée ou du miel. Piquez la viande sur des baguettes de bambou (avec des fruits ou des légumes éventuellement), mais assurez-vous que la baguette est ôtée avant de servir. Pour les plus petits, la viande peut être mixée ou émincée très finement.

• Les tout-petits aiment aussi les côte-lettes, les cuisses de poulets et les petits épis de maïs.

• Servez des accompagnements simples et faciles à manger comme la laitue, les tomates cerises, des légumes crus blanchis en bâtonnet, des petits cubes de fromage, des œufs durs ou des légumes au barbecue. Les plus jeunes choisiront ce qu'ils préfèrent.

• Préparez des pains farcis avec les brochettes : les enfants pourront manger sans difficulté et emporter leur nourriture dehors. Évitez les gros pains ronds ou le pain trop épais. Essayez plutôt le pain libanais ou la pita. Les mini-burgers sont également très appréciés des petits.

• Les saucisses enveloppées de pain frais beurré avec de la sauce tomate (plutôt peu salée) ont toujours beaucoup de succès. Pour changer, proposez les saucisses dans du pain pita avec de l'houmous.

Mini burgers.

Soupe au potiron

Pour 4 à 6 personnes.

On peut remplacer le lait de noix de coco dans cette recette par du lait demi-écrémé.

- 1 c. s. d'huile d'olive
- 1 oignon moyen coupé grossièrement (150 g)
- 2 c. c. de gingembre finement râpé
- 1 poivron jaune épépiné et émincé
- 1 c. s. de citronnelle (facultatif)
- 2 c. c. de cumin en poudre
- 2 c. c. de coriandre en poudre
- 1 c. c. de curry en poudre
- 500 g de potiron épluché et coupé en gros morceaux
- 1,5 l de bouillon de poule (6 tasses)
- 60 ml de lait de coco

Faites chauffer l'huile dans une grande poêle. Faites cuire l'oignon en remuant jusqu'à ce qu'il soit tendre. Ajoutez le gingembre, le poivron jaune, la citronnelle, le cumin, la coriandre et le curry. Faites cuire en remuant jusqu'à ce que les épices dégagent leurs odeurs. Ajoutez le potiron. Faites cuire en remuant pendant une minute. Ajoutez le bouillon et portez à ébullition. Faites mijoter en couvrant pendant 20 minutes ou jusqu'à ce que les légumes soient tendres. Faites refroidir la soupe 10 minutes. Mélangez ou mixez jusqu'à obtenir une consistance onctueuse.

Placez la soupe dans des bols individuels. Ajoutez du lait de coco. On peut aussi la parsemer de croûtons.

Curry de porc et de pois chiches.

Curry de porc et de pois chiches

Pour 4 personnes.

Dans cette recette, on peut remplacer le lait de coco par du yaourt.

- 500 g de filets de porc
- 1 gros oignon finement émincé (200 g)
- 1 c. s. de pâte de curry pas trop épicée
- 400 g de tomates pelées en boîte
- 180 ml de bouillon de légumes
- 300 g de pois chiches en boîte rincés et égouttés
- 125 ml de lait de coco
- 300 g d'épinards
- 2 c. c. de feuilles de coriandre fraîche émincées

Coupez le porc en cubes de 2 cm. Faites cuire sans couvrir dans une grande poêle huilée jusqu'à ce qu'ils soient dorés. Ajoutez l'oignon et la pâte. Faites cuire sans couvrir jusqu'à ce que l'oignon soit tendre. Remettez le porc dans la poêle. Ajoutez en remuant les tomates écrasées non égouttées et le bouillon. Portez à ébullition. Faites mijoter sans couvrir pendant 45 minutes. Ajoutez les pois chiches et portez à ébullition. Faites mijoter sans couvrir en remuant de temps en temps pendant 15 minutes ou jusqu'à ce que les pois chiches soient tendres. Ajoutez le lait, les épinards et la coriandre. Faites cuire en remuant pour faire réduire les épinards.

Conservation Couvrez et conservez au réfrigérateur 2 jours maximum.

Congélation Possible avant l'ajout du lait de coco, des épinards et de la coriandre.

Pour les bébés Ne convient pas.

Pour les tout-petits Servez comme indiqué ci-dessus, en tout petits morceaux.

Soupe au potiron.

Conservation Couvrez et conservez au réfrigérateur 2 jours maximum.

Congélation Possible.

Pour les bébés Réduire en purée avec de l'eau bouillie refroidie jusqu'à obtention d'une consistance lisse. Servez avec des croûtons.

Pour les tout-petits Servez comme indiqué dans la recette.

Faux-filet avec pommes de terre à l'ail et au romarin

Pour 4 à 6 personnes.

- **1,5 kg de faux-filet**
- **1 c. s. d'huile d'olive**
- **sel**
- **2 c. c. de poivre noir écrasé**
- **5 pommes de terre moyennes coupées en quatre (1 kg)**
- **2 gousses d'ail pilées**
- **1 c. s. de romarin frais (de préférence)**
- **2 c. s. d'huile d'olive supplémentaires**

Huilez légèrement le faux-filet, et placez-le sur une grille dans un plat allant au four (pour les grands, salez et poivrez selon vos goûts). Faites cuire à four chaud sans couvrir 15 minutes. Retirez et baissez la température du four. Ajoutez les pommes de terre, l'ail, le romarin et l'huile en plus dans le plat. Remettez au four sans couvrir environ 45 minutes ou jusqu'à ce que le bœuf soit cuit. Servez avec de la moutarde à l'ancienne et des légumes de saison.

Préparez juste avant de servir.

Pour les bébés Prenez un morceau de bœuf sans sel ni poivre, mixez avec quelques légumes en ajoutant du lait maternisé ou de l'eau bouillie refroidie.

Pour les tout-petits Prenez un morceau de bœuf sans sel ni poivre, émincez-le et servez-le avec des légumes en petits morceaux.

Notre suggestion Les légumes au four sont délicieux et aident les tout-petits à accepter cet aliment. Faites cuire une grande variété de légumes à la fois pour leur faire découvrir une palette de saveurs.

Faux-filet avec pommes de terre à l'ail et au romarin, servi pour un tout-petit.

Faux-filet avec pommes de terre à l'ail et au romarin.

Carré d'agneau avec couscous à l'orange

Pour 4 personnes.

**2 carrés d'agneau avec
   8 côtelettes chacun**
125 ml de jus d'orange
60 ml de gelée de groseilles
60 ml d'eau
2 c. s. de ciboulette fraîche
   finement hachée

Couscous à l'orange

330 ml de jus d'orange
2 clous de girofle
1 feuille de laurier
1/2 c. c. de cannelle en poudre
300 g de couscous
30 g de beurre

Placez l'agneau sur une grille dans un plat allant au four. Faites cuire à four moyen sans couvrir pendant 35 minutes ou jusqu'à ce que l'agneau soit bien cuit.

Pendant ce temps, mettez le jus, la gelée, l'eau et la ciboulette dans une petite poêle. Faites mijoter sans couvrir jusqu'à ce que le bouillon épaississe légèrement. Servez l'agneau avec la sauce et le couscous à l'orange.

Couscous à l'orange Mélangez le jus, les clous de girofle, la feuille de laurier et la cannelle dans une casserole moyenne. Portez à ébullition. Retirez du feu. Ajoutez le couscous. Laissez reposer 3 minutes ou jusqu'à ce que le liquide soit absorbé. Ajoutez en remuant le beurre en morceaux. Enlevez les clous de girofle et la feuille de laurier avant de servir.

Pour les bébés Désossez la viande et réduisez-la en purée avec le couscous. Incorporez de l'eau bouillie refroidie pour obtenir une purée bien lisse.

Pour les tout-petits Découpez la viande et les légumes et petits morceaux et servez avec du couscous.

Carré d'agneau avec couscous à l'orange.

Pilons d'agneau

Pour 6 personnes.

Les jarrets d'agneau parés à la française sont appelés « pilons » par certains bouchers, les jarrets ayant été dépouillés de tous leurs nerfs et de leurs parties grasses ce qui les fait ressembler à une cuisse de poulet.

6 pilons d'agneau
125 ml de miel
60 ml de sauce de soja
1 c. c. de moutarde

Faites des entailles profondes à 1 cm de distance jusqu'à l'os des deux côtés des jarrets d'agneau. Mettez dans un plat allant au four, huilé, peu profond. Ajoutez les autres ingrédients. Couvrez et réfrigérez durant une nuit.

Faites cuire à four moyen sans couvrir pendant 40 minutes ou jusqu'à ce que l'agneau soit cuit. Badigeonnez deux fois pendant la cuisson avec le jus. On peut servir avec des pâtes et des carottes.

Conservation Couvrez et conservez au réfrigérateur 2 jours maximum.

Congélation Possible pour l'agneau mariné non cuit.

Pour les bébés Faites réduire l'agneau, les pâtes et les carottes en purée avec de l'eau bouillie refroidie.

Pour les tout-petits Dégraissez les pilons d'agneau, et servez avec des pâtes et des carottes.

Pilons d'agneau, portion d'un tout-petit.

Poulet rôti du dimanche

Pour 4 personnes.

1 poulet (1,5 kg)

1 oignon moyen finement émincé (150 g)

1 citron moyen émincé grossièrement (140 g)

2 c. c. d'huile d'olive

1 c. c. de sel

4 pommes de terre moyennes coupées en deux (800 g)

1 kg de potiron coupé en morceaux

2 oignons moyens supplémentaires coupés en deux (240 g)

2 tomates moyennes coupées en deux (190 g)

Jus de viande aux champignons

100 g de champignons de Paris finement émincés

1 c. s. de farine

125 ml d'eau

125 ml de bouillon de poule

Lavez le poulet avec soin. Séchez-le sur du papier absorbant. Placez l'oignon et le citron émincés à l'intérieur du poulet. Fermez l'ouverture avec des cure-dents ou des piques à brochettes. Liez les cuisses du poulet ensemble avec de la ficelle alimentaire. Poussez les ailes vers le dessous. Frottez le poulet avec de l'huile et du sel. Placez le poulet, poitrine sur le dessus, avec les pommes de terre,

le potiron et les moitiés d'oignons dans un plat huilé allant au four et à la flamme. Couvrez le poulet de papier d'aluminium. Faites-le cuire à four moyen pendant 45 minutes. Retirez le papier d'aluminium et ajoutez les tomates. Mettez au four pendant 45 minutes ou jusqu'à ce que le poulet soit cuit à l'intérieur et les légumes tendres. Servez avec du jus de viande aux champignons.

Jus de viande aux champignons

Transférez le poulet et les légumes dans un plat. Couvrez pour garder au chaud. Mettez de côté deux cuillerées à soupe de jus de viande en ôtant la graisse en trop. Faites chauffer le jus et les champignons dans un plat allant au four. Ajoutez de la farine.

Faites cuire en remuant jusqu'à ce que le mélange brunisse un peu. Ajoutez progressivement l'eau et le bouillon. Portez à ébullition. Faites mijoter en remuant environ 5 minutes ou jusqu'à ce que le jus de viande bouille et épaississe.

Pour les bébés Réduisez séparément le poulet et les légumes en purée, en ajoutant un peu d'eau bouillie refroidie ou du jus de viande.

Pour les tout-petits Coupez la viande en petits morceaux et servez avec des accompagnements.

Poulet rôti du dimanche, portion d'un bébé.

Poulet rôti, portion du tout-petit.

Poulet rôti.

Boulettes italiennes à la sauce tomate au basilic.

Boulettes italiennes à la sauce tomate au basilic

Pour 4 à 6 personnes.

Si vous n'avez pas d'herbes fraîches, remplacez-les par une cuillerée à café de basilic et de menthe séchés.

500 g de porc et de veau hachés
1 courgette moyenne râpée grossièrement (240 g)
1 oignon moyen finement émincé (150 g)
1 œuf légèrement battu
35 g de miettes de pain rassis
60 ml de sauce tomate
1 c. s. de feuilles de basilic frais finement émincées
1 c. s. de feuilles de menthe finement émincées
500 g de spaghettis
25 g de parmesan en lamelles très fines

Sauce tomate au basilic

400 g de tomates pelées en boîte
410 g de purée de tomates en boîte
2 gousses d'ail pilées
¹/₄ de tasse de feuilles de basilic frais hachées
1 c. c. de sucre

Mélangez bien la viande hachée, la courgette, l'oignon, l'œuf, les miettes de pain, la sauce et les herbes dans un saladier moyen. Avec une cuillère à soupe, façonnez des boulettes que vous disposez sur la plaque du four recouverte de papier d'aluminium huilé. Faites cuire à four moyen pendant 25 minutes.

Pendant ce temps, faites cuire les spaghettis dans une grande casserole d'eau bouillante, sans couvrir, jusqu'à ce qu'elles soient *al dente*. Égouttez-les. Roulez les boulettes dans la sauce tomate. Servez sur des spaghettis chauds et saupoudrez de parmesan.

Sauce tomate au basilic Mélangez les tomates écrasées non égouttées, la purée de tomates, l'ail, le basilic et le sucre dans une casserole moyenne. Faites mijoter sans couvrir pendant 15 minutes ou jusqu'à ce que la sauce épaississe.

Conservation Couvrez et conservez séparément les boulettes de viande cuites et la sauce tomate au basilic. Gardez 2 jours maximum au réfrigérateur.

Congélation Possible pour les boulettes non cuites seulement.

Pour les bébés Réduire en purée des petites quantités de pâtes et de sauce avec une boulette.

Pour les tout-petits Découpez en morceaux les boulettes de viande et les spaghettis pour adapter le repas au stade de croissance de votre enfant.

Soufflé au fromage

Pour 4 personnes.

2 c. s. de chapelure
60 g de beurre
40 g de farine
250 ml de lait
125 g de gruyère grossièrement râpé
3 œufs en séparant les jaunes des blancs

Huilez un plat à soufflé d'une contenance de 250 ml. Saupoudrez la base et les côtés de chapelure, placez-le sur la plaque du four.

Faites fondre le beurre dans une casserole moyenne, ajoutez la farine. Faites cuire en remuant jusqu'à ce que le mélange épaississe et fasse des bulles. Ajoutez progressivement le lait tout en remuant. Remuez jusqu'à ébullition et laissez épaissir le mélange. Retirez du feu. Laissez reposer 2 minutes. Ajoutez le fromage et les jaunes d'œufs. Transférez le mélange dans un grand saladier, couvrez la surface d'un film alimentaire et laissez refroidir.

Battez les blancs d'œufs en neige dans un saladier moyen avec un mixeur électrique. Incorporez doucement un tiers des blancs d'œufs dans le mélange du soufflé, puis le restant. Répartissez le mélange obtenu dans le plat préparé. Faites cuire à four chaud pendant 20 minutes ou jusqu'à ce que le soufflé ait monté et soit doré.

Pour les bébés Réduire en purée.

Pour les tout-petits Servez comme indiqué dans la recette.

Soufflé au fromage.

Pâtes à la sicilienne

Pour 4 à 6 personnes.

Nous avons utilisé les penne dans cette recette mais vous pouvez utiliser des pâtes plus petites comme des conchiglie ou des spirales.

- **2 c. s. d'huile d'olive**
- **1 oignon moyen émincé en fines tranches (150 g)**
- **1 gousse d'ail pilée**
- **2 courgettes moyennes coupées en gros morceaux (240 g)**
- **2 petites aubergines coupées en grosses tranches (120 g)**
- **2 tomates pelées et émincées (380 g)**
- **1 poivron vert émincé en lanières fines (200 g)**
- **400 g de sauce tomate en boîte**
- **125 ml d'eau**
- **1/4 de c. c. de sucre roux**
- **500 g de pâtes**
- **2 c. s. de feuilles de basilic frais finement hachées**
- **40 g de parmesan finement râpé**

Faites chauffer l'huile dans une grande poêle. Faites cuire l'oignon et l'ail jusqu'à ce que l'oignon soit tendre. Ajoutez la courgette, l'aubergine, la tomate et le poivron. Faites cuire en remuant jusqu'à ce que les légumes soient tendres. Ajoutez en remuant la sauce tomate, l'eau et le sucre. Faites cuire les pâtes dans une grande casserole d'eau bouillante salée, sans couvrir, jusqu'à ce qu'elles soient *al dente*. Égouttez-les. Versez la sauce sur les pâtes. Saupoudrez-les de basilic et de fromage au moment de servir.

Conservation Le mélange de légumes se conservera couvert au réfrigérateur pendant 2 jours.

Pour les bébés Réduire les pâtes en purée avec un peu de sauce (sans le basilic ni le fromage).

Pour les tout-petits Coupez les pâtes en morceaux et servez avec un peu de sauce.

Gratin de fèves et de poireaux.

Pâtes à la sicilienne.

Gratin de fèves et de poireaux

Pour 4 à 6 personnes.

- **180 g de petites pâtes (coquillettes, macaronis coupés, etc.)**
- **500 g de fèves surgelées**
- **100 g de beurre**
- **1 gros poireau émincé grossièrement (500 g)**
- **35 g de farine**
- **1 l de lait**
- **90 g de gruyère grossièrement râpé**
- **425 g de thon en boîte égoutté et émietté**
- **70 g de miettes de pain rassis**

Faites cuire les pâtes dans une grande casserole d'eau bouillante salée, sans couvrir, il faut qu'elles soient *al dente*. Égouttez-les. Faites cuire à la vapeur ou au micro-ondes les fèves jusqu'à ce qu'elles soient tendres, puis égouttez-les. Laissez refroidir en les passant sous l'eau froide puis ôtez et jetez les enveloppes des fèves. Faites fondre la moitié du beurre dans une grande casserole. Faites cuire le poireau en remuant pour qu'il soit fondant. Mélangez les poireaux dans un grand saladier avec les pâtes et les fèves.

Faites fondre le restant du beurre dans une poêle moyenne et ajoutez la farine. Faites cuire en remuant jusqu'à ce que le mélange épaississe et fasse des bulles. Incorporez progressivement le lait. Remuez, faites bouillir et épaissir, puis ajoutez la moitié du fromage. Mélangez la sauce au fromage et le thon dans un saladier avec les pâtes et les légumes. Avec une cuillère en bois, transférez les pâtes et leur garniture dans un plat huilé allant au four d'une contenance de 3 l. Saupoudrez avec les miettes de pain et le fromage restant. Faites cuire à four moyen sans couvrir pendant 20 minutes environ ou jusqu'à ce que le gratin soit chaud à l'intérieur et doré sur le dessus.

Conservation Couvrez et conservez au réfrigérateur 2 jours maximum.

Congélation Possible.

Pour les bébés Réduire en purée avec de l'eau bouillie refroidie.

Pour les tout-petits Coupez en morceaux, selon le stade de développement de l'enfant.

Porc et légumes sautés

Pour 4 à 6 personnes.

2 c. s. d'huile végétale
500 g de filet de porc finement émincé
**1 oignon moyen finement émincé
 (150 g)**
1 gousse d'ail pilée
**1 carotte moyenne finement émincée
 (120 g)**
**100 g de champignons finement
 émincés**
**150 g de haricots verts coupés
 en deux**
150 g de pois mange-tout
80 g de choux de Bruxelles
3 c. s. de sauce de soja

Faites chauffer la moitié de l'huile dans le wok ou dans une grande poêle. Faites frire le porc, par petites quantités, jusqu'à ce qu'il soit bruni de tous les côtés. Faites chauffer l'huile dans le wok. Faites frire l'oignon et l'ail pendant une minute. Ajoutez la carotte, les champignons, les haricots verts, les choux de Bruxelles, les pois mange-tout. Faites frire jusqu'à ce que les légumes soient tendres. Remettez le porc dans la poêle avec les pois mange-tout, les choux de Bruxelles et la sauce. Remuez jusqu'à ce que le tout soit bien chaud. On peut servir avec du riz parfumé.

Pour les bébés Ne convient pas.

Pour les tout-petits Coupez en morceaux pour adapter au stade de développement de votre enfant.

Porc et légumes sautés (en haut à gauche) ; lasagnes aux légumes (ci-dessous).

Saumon et beurre citronné.

Lasagnes aux légumes

Pour 4 à 6 personnes.

- **1 c. s. d'huile d'olive**
- **1 oignon moyen finement émincé (150 g)**
- **1 gousse d'ail pilée**
- **2 poivrons rouges moyens coupés grossièrement (400 g)**
- **2 courgettes moyennes finement émincées (120 g)**
- **2 petites aubergines finement émincées (120 g)**
- **60 g de champignons finement émincés**
- **2 c. s. de concentré de tomates**
- **400 g de tomates pelées en boîte**
- **125 ml d'eau**
- **200 g de feuilles de lasagnes fraîches**
- **25 g de parmesan finement râpé**

Sauce blanche

- **60 g de beurre**
- **35 g de farine**
- **500 ml de lait**
- **60 g de gruyère râpé**

Faites chauffer l'huile dans une grande poêle puis faites cuire l'oignon et l'ail en remuant jusqu'à ce que l'oignon soit tendre. Ajoutez les poivrons, les courgettes et les petites aubergines. Faites cuire en remuant jusqu'à ce que les légumes soient un peu tendres. Ajoutez les champignons et le concentré de tomates, les tomates écrasées non égouttées et l'eau. Faites mijoter sans couvrir pendant environ 15 minutes ou jusqu'à ce que le mélange épaississe légèrement.

Placez deux feuilles de lasagnes dans un plat huilé allant au four d'une capacité de 2 l. Surmontez la pâte de la moitié des légumes et d'un tiers de la sauce blanche. Répétez l'opération en empilant trois couches de feuilles de lasagnes et en finissant avec une feuille de lasagnes. Versez le reste de la sauce blanche sur les lasagnes et saupoudrez de fromage. Faites cuire à four moyen sans couvrir pendant 40 minutes ou jusqu'à ce que les lasagnes aient doré légèrement et soient bien chaudes au milieu. On peut servir avec de la salade verte.

Sauce blanche Faites fondre le beurre dans une casserole moyenne et ajoutez la farine. Faites cuire en remuant jusqu'à ce que la farine épaississe et fasse des bulles. Ajoutez progressivement le lait en remuant et faites bouillir et épaissir le mélange. Ajoutez le fromage.

Conservation Couvrez et conservez au réfrigérateur 2 jours maximum.

Congélation Possible.

Pour les bébés Réduire en purée avec de l'eau bouillie refroidie.

Pour les tout-petits Coupez en morceaux selon le stade de développement de l'enfant.

Saumon et beurre citronné

Pour 4 personnes.

Le zeste de citron vert et le jus de citron vert peuvent remplacer le citron dans cette recette.

- **4 tranches de saumon (880 g)**
- **60 g de beurre**
- **2 c. c. de zeste de citron finement râpé**
- **2 c. s. de jus de citron**
- **1 c. s. de ciboulette fraîche finement hachée**
- **1/2 c. c. de poivre noir écrasé**

Faites cuire le saumon sur une grille huilée (sur le gril ou le barbecue) jusqu'à ce qu'il soit doré et à point. Couvrez pour garder au chaud. Mélangez les autres ingrédients dans une petite poêle en remuant pour faire fondre le beurre. On peut servir le saumon arrosé de sauce au beurre et au citron et accompagné de purée de pommes de terre.

Préparez juste avant de servir.

Pour les bébés Supprimez le poivre. On peut réduire le saumon en purée avec de l'eau bouillie refroidie et de la purée de pommes de terre.

Pour les tout-petits Supprimez le poivre. Coupez le saumon en morceaux et servez avec des pommes de terre vapeur.

Gâteau au fromage blanc à l'orange

Pour 4 à 6 personnes.

200 g de biscuits genre "Petits Lu"
125 g de beurre fondu
2 œufs
75 g de sucre
250 g de fromage frais
250 g de ricotta
1 c. s. de zeste d'orange finement râpé
2 c. s. de jus d'orange

Tapissez un moule rond de 20 cm de papier aluminium, beurrez toute la surface intérieure du moule.

Mixez les biscuits afin de les réduire en petites miettes fines. Ajoutez le beurre. Mixez pour obtenir un mélange bien homogène. Répartissez cette pâte dans le moule préparé sur la base et les côtés jusqu'à 2 cm du bord. Couvrez et réfrigérez pendant 1 heure.

Battez les œufs et le sucre dans un saladier moyen avec un mixeur électrique afin d'obtenir une pâte épaisse et onctueuse. Ajoutez les fromages, le zeste et le jus, battez le fromage pour faire un mélange bien lisse.

Placez le moule sur la plaque du four. Versez le mélange des fromages dans le moule. Faites cuire à four moyen environ pendant 1 heure ou jusqu'à obtenir une consistance ferme. Laissez refroidir dans le four ouvert. Couvrez le gâteau. Réfrigérez 3 heures ou toute la nuit. On peut servir avec des quartiers d'oranges.

Conservation Couvrez et gardez 3 jours maximum au réfrigérateur.

Pour les bébés Les plus grands peuvent manger la chair du gâteau finement écrasée.

Pour les tout-petits Servez comme indiqué dans la recette.

Délice au citron

Pour 4 personnes.

3 œufs, blancs et jaunes séparés
110 g de sucre en poudre
75 g de farine avec levure incorporée
30 g de beurre fondu
250 ml de lait
1 c. c. de zeste d'orange râpé
1 c. c. de zeste de citron râpé
80 ml de jus de citron
110 g de sucre en poudre
supplémentaires

Beurrez quatre ramequins d'une capacité de 250 ml chacun.

Battez les jaunes d'œufs et le sucre dans un saladier moyen avec un mixeur électrique jusqu'à ce que le mélange soit épais et crémeux. Incorporez la farine tamisée puis le beurre, le lait, les zestes et le jus.

Battez les blancs d'œufs en neige dans un petit saladier. Ajoutez progressivement le supplément de sucre et battez jusqu'à ce qu'il se dissolve. Incorporez les œufs en neige et le sucre dans la préparation contenant le citron en deux fois. Répartissez le mélange dans les ramequins préparés. Placez les ramequins dans un grand plat allant au four avec suffisamment d'eau bouillante pour monter à mi-hauteur sur les côtés. Faites cuire à four moyen pendant 20 minutes ou jusqu'à ce que le mélange ait pris. On peut servir en saupoudrant de sucre glace.

Pour les bébés Réduire en purée.

Pour les tout-petits Servez comme indiqué dans la recette.

Strudel à la poire et au fromage blanc

Pour 4 personnes.

6 feuilles de pâte filo
50 g de beurre fondu
425 g de poires au sirop en boîte
égouttées et coupées en tranches
1 c. s. d'amandes effilées

Garniture au fromage blanc

200 g de fromage blanc
25 g de miettes de pain rassis
35 g d'abricots secs finement coupés
2 c. s. d'amandes grillées hachées
40 g de sucre glace
1/2 c. c. de cannelle en poudre

Badigeonnez chaque feuille de pâte filo avec du beurre. Installez les feuilles les unes sur les autres sur la plaque du four beurrée.

Étalez la garniture à 2 cm d'un des longs côtés et à 6 cm des deux côtés. Recouvrez de poires. Roulez la pâte pour entourer la garniture et fermer sur les côtés. Mettez la fermeture de la pâte en dessous. Badigeonnez toute la surface avec le restant du beurre. Saupoudrez d'amandes. Faites cuire à four moyen pendant 25 minutes ou jusqu'à

ce que le gâteau soit doré légèrement. On peut servir avec de la crème.

Garniture au fromage blanc Mélangez bien tous les ingrédients dans un saladier moyen.

Pour les bébés Évitez les amandes. Réduisez en purée la garniture cuite avec de l'eau bouillie refroidie ou du lait maternisé.

Pour les tout-petits Évitez également les amandes. On peut servir comme dans la recette avec de la glace.

Strudel à la poire et au fromage blanc (en haut à gauche) ; gâteau au fromage blanc à l'orange (en bas à gauche) ; délice au citron (ci-dessus).

Sundae et banane au four.

Compote de rhubarbe et de fruits rouges

Pour 4 à 6 personnes.

110 g de sucre en poudre
250 ml d'eau
2 c. s. de jus de citron
330 g de rhubarbe fraîche grossièrement coupée
250 g de fraises coupées en quatre
150 g de myrtilles

Mélangez le sucre, l'eau et le jus dans une casserole moyenne. Remuez sans faire bouillir jusqu'à ce que le sucre soit dissous. Ajoutez la rhubarbe. Faites mijoter en couvrant pendant 2 minutes, la rhubarbe doit être tendre. Transférez dans un grand saladier, ajoutez les fraises et les myrtilles. Laissez refroidir. On peut servir avec de la crème.

Conservation Couvrez et conservez au réfrigérateur 2 jours maximum.

Pour les bébés Réduire en purée. On peut incorporer des céréales mixées.

Pour les tout-petits Servez une petite portion avec de la crème ou de la crème anglaise.

Sundae et banane au four

Pour 4 à 6 personnes.

60 g de beurre
75 g de sucre roux
8 petites bananes bien sucrées
1 l de glace au chocolat
150 g de framboises fraîches
8 gaufrettes

Sauce caramel au chocolat

125 ml de crème fraîche
55 g de sucre en poudre
125 g de chocolat noir coupé en petits morceaux
1 c. c. d'essence de vanille

Faites chauffer le beurre et le sucre dans une grande casserole avec un fond épais. Faites dissoudre le sucre en remuant. Ajoutez les bananes. Faites cuire en remuant de temps à autre jusqu'à ce qu'elles soient tendres. Servez les bananes chaudes avec la glace, les framboises, les gaufrettes et la sauce caramel au chocolat.

Sauce caramel au chocolat Mélangez la crème et le sucre dans une petite casserole. Faites cuire à feu doux en remuant jusqu'à ce que le sucre soit dissous. Retirez du feu. Ajoutez le chocolat et la vanille en remuant jusqu'à ce que le chocolat fonde. Servez la sauce chaude ou froide.

Conservation La sauce caramel au chocolat peut être préparée jusqu'à une semaine à l'avance. Conservez-la couverte au réfrigérateur.

Pour les bébés Réduire en purée les bananes cuites.

Pour les tout-petits Servez comme ci-dessus.

Compote de rhubarbe et de fruits rouges.

Mousse au chocolat

Pour 4 à 6 personnes.

125 g de pépites de chocolat noir
1 c. s. de jus d'orange
4 œufs, blancs et jaunes séparés
300 ml de crème épaisse

Mettez le chocolat dans un petit récipient résistant à la chaleur au-dessus d'une casserole d'eau chaude jusqu'à ce que le chocolat fonde puis retirez-le du feu. Laissez refroidir. Ajoutez le jus puis les jaunes d'œuf. Incorporez la crème dans le mélange chocolaté. Transférez dans un grand saladier.

Battez les œufs en neige bien fermes dans un petit saladier avec un mixeur électrique. Incorporez les œufs en neige dans le mélange chocolaté en deux fois. Versez des cuillerées de la préparation dans des ramequins et couvrez. Réfrigérez 3 heures ou toute la nuit. On peut servir saupoudré de cacao et avec des fraises.

La recette est meilleure si on la prépare un jour à l'avance.

Conservation Couvrez et conservez au réfrigérateur 2 jours maximum.

Pour les bébés Ne convient pas.

Pour les tout-petits Servez comme indiqué ci-dessus.

Mousse au chocolat.

Pudding à la sauce caramel

Pour 4 personnes.

150 g de farine avec levure incorporée
60 g d'amandes en poudre
100 g de sucre roux
160 ml de lait
60 g de beurre fondu
1 œuf légèrement battu

Sauce caramel

Dans cette recette, le sirop de sucre peut être remplacé par de la mélasse raffinée. On peut ajouter une cuillerée à café d'essence de vanille après avoir retiré la sauce du feu.

125 ml d'eau
250 ml de crème liquide
125 ml de sirop de sucre roux
40 g de beurre

Beurrez un plat allant au four d'une contenance de 2 l. Tamisez et ajoutez ensemble la farine, la poudre d'amandes et le sucre dans un grand saladier. Ajoutez le lait, le beurre et l'œuf et remuez jusqu'à obtenir une consistance bien homogène. Répartissez le mélange dans le plat préparé. Versez doucement de la sauce caramel chaude sur le pudding. Faites cuire à four moyen environ 35 minutes ou jusqu'à ce que le pudding soit bien ferme. On peut servir avec de la crème chantilly.

Sauce caramel Mélangez tous les ingrédients dans une casserole moyenne. Faites cuire en remuant sans faire bouillir environ 2 minutes ou jusqu'à ce que le beurre ait fondu.

Pour les bébés Ne convient pas.

Pour les tout-petits Servez comme indiqué ci-dessus. On peut ajouter de la crème glacée.

Pudding à la sauce caramel.

Repas de fêtes et gâteaux d'anniversaire

En période de fêtes et d'anniversaires, l'équilibre alimentaire sera sans doute un peu malmené. Inutile de s'en formaliser mais il n'est pas nécessaire de tomber dans l'excès. Ainsi, on évitera l'abus de sucreries ou de graisses. Les enfants apprennent vite à apprécier ce genre d'événements, et les « repas de fêtes » n'auront pas trop d'influence sur leurs habitudes. Gardez aussi à l'esprit que les petits sont excités par la fête et qu'ils ne mangent en réalité pas tant que ça. Tous ceux qui ont nettoyé une maison après un goûter d'anniversaire savent que le gâteau gît dans l'assiette, écrasé et à moitié mangé. Les bougies et les chansons sont autrement plus importantes ! Il n'y a que les adultes pour se souvenir du parfum du gâteau.

D'autre part, il est possible de composer un repas de fête sain et équilibré sans pour autant le rendre morose. Vous trouverez des tas d'idées et de recettes dans les pages qui suivent. Et ne vous compliquez pas la vie en préparant des quantités de plats. Choisissez une ou deux recettes sucrées et quelques en-cas salés, et surtout amusez-vous !

Crêpes aux nouilles

Pour 12 crêpes.

Les crêpes peuvent être servies chaudes ou à température ambiante. Nous avons utilisé des vermicelles de riz pour les nouilles dans cette recette.

- **50 g de vermicelles de riz**
- **35 g de farine**
- **1 oignon nouveau finement émincé**
- **1 gousse d'ail pilée**
- **1 c. c. de gingembre râpé**
- **1/2 c. c. de coriandre en poudre**
- **2 c. s. de lait de coco ou de lait demi-écrémé**
- **huile pour friture**

Placez les nouilles dans un saladier résistant à la chaleur, couvrez d'eau bouillante, laissez reposer jusqu'à ce qu'elles soient tendres. Égouttez-les. Coupez les nouilles en morceaux de 5 cm. Mélangez dans un saladier la farine, l'oignon, l'ail, le gingembre, la coriandre et le lait. Faites chauffer l'huile dans une grande poêle. Façonnez des boulettes avec une cuillère à soupe, et faites-les frire jusqu'à ce qu'elles soient dorées et cuites à l'intérieur. Égouttez-les sur du papier absorbant. On peut servir avec de la sauce aigre-douce ou de la sauce aux prunes.

Conservation Préparez juste avant de servir.

Crêpes aux nouilles.

Nuggets de poulet avec frites cuites au four.

Frites au four

Pour 12 personnes.

6 pommes de terre moyennes (1,2 kg)
60 ml d'huile d'olive

Coupez chaque pomme de terre en frites de 1 cm. Faites cuire les frites à la vapeur ou au micro-ondes jusqu'à ce qu'elles soient tendres. Égouttez-les sur du papier absorbant.

Mélangez les frites et l'huile sans les superposer sur la plaque du four. Faites cuire à four très chaud pendant 45 minutes ou jusqu'à ce qu'elles soient croustillantes et dorées.

Préparez juste avant de servir.

Nuggets de poulet

Pour 16 personnes.

1 tranche de pain blanc
170 g de blancs de poulet émincés
30 g d'emmenthal râpé
1 jaune d'œuf
1 petite pomme de terre râpée (120 g)
1 petit oignon râpé (80 g)
1 c. c. de sel
2 c. s. de chapelure
huile pour friture

Découpez la croûte du pain et coupez-la en gros morceaux. Mixez le pain, le poulet et le fromage jusqu'à obtenir un mélange bien homogène. Transférez dans un saladier moyen. Ajoutez le jaune d'œuf, la pomme de terre, l'oignon et le sel. Façonnez des nuggets avec une cuillère pleine de ce mélange. Roulez-les dans la chapelure.

Faites frire les nuggets jusqu'à ce que le poulet soit bien cuit au centre et doré en surface. Égouttez-les sur du papier absorbant.

Conservation Couvrez et conservez au réfrigérateur 2 jours maximum.

Congélation Possible pour les nuggets non cuits.

Gâteau au chocolat sans œuf.

Têtes rigolotes

Utilisez un emporte-pièce de 8,5 cm pour découper des ronds dans les tranches de pain. Dessinez des têtes en utilisant les garnitures suivantes.

Décoration à la carotte Carotte râpée, oignon nouveau, tomate, persil, tranche de fromage et épices pour le poulet.

Petit garçon Tranches de fromage, tapenade aux olives noires, et tomate.

Pussycat Beurre de cacahuètes, tranches de bananes, zeste de citron et confiture de framboises.

Petit ours Nutella, chocolat blanc, pépites de chocolat et petites pastilles sucrées rouges et blanches.

Gâteau au chocolat sans œuf

Ce gâteau est meilleur s'il est préparé le jour même.

300 g de farine avec levure incorporée
25 g de cacao en poudre
110 g de sucre en poudre
1 1/4 tasse d'eau bouillante
2 c. s. de sirop d'érable
1 c. c. de bicarbonate de soude
90 g de beurre
1 c. c. d'essence de vanille
125 ml de crème chantilly

Nappage au chocolat

2 c. s. de chocolat noir en petits morceaux
30 g de beurre
120 g de sucre glace
1 c. s. de cacao en poudre
1 c. s. de lait
1/2 c. c. d'essence de vanille

Beurrez deux moules à cake ronds de 20 cm et tapissez le fond de papier sulfurisé. Tamisez la farine, le cacao et le sucre dans un saladier moyen. Ajoutez en fouettant l'eau, le sirop, le bicarbonate de soude, le beurre et l'essence de vanille.

Répartissez le mélange dans les moules préparés. Faites cuire à four moyen sans couvrir pendant 25 minutes. Laissez reposer 10 minutes. Faites refroidir sur une grille. Insérez la crème chantilly entre les deux cakes superposés. Nappez avec le glaçage au chocolat.

Nappage au chocolat Mélangez le chocolat et le beurre dans une petite casserole. Faites chauffer à feu doux jusqu'à ce que le chocolat soit fondu. Tamisez le sucre et le cacao dans un petit saladier. Ajoutez le lait et l'essence de vanille. Couvrez et réfrigérez 15 minutes ou jusqu'à ce que le nappage épaississe.

Congélation Possible pour les gâteaux sans le nappage.

Petit ours.

Décoration à la carotte.

Pussycat.

Petit garçon.

Jus pétillant.

Francfortines

Immergez des saucisses cocktails dans une casserole d'eau froide. Faites-les cuire sans couvrir jusqu'à ce que l'eau soit frémissante puis égouttez-les. Coupez les petites saucisses en morceaux appropriés pour des jeunes enfants. Une façon rigolote de servir les francfortines à des enfants plus grands, c'est d'insérer un bâtonnet de sucette dans chaque francfortine. Servez avec une coupelle de sauce tomate pour tremper les franc-fortines.

Alternativement, servez des mini-hot-dogs. Coupez-les en petites rondelles dans le sens de la longueur mais sans les couper entièrement. Coupez-les en travers jusqu'au tiers de la largeur. Surmontez de sauce tomate et de fromage râpé.

Francfortines.

Jus de fruits pétillant

Versez dans une grande carafe des parts égales de jus de pommes ou de cassis ou de raisins dans une boisson gazeuse sucrée ou dans de l'eau minérale. Réfrigérez avec des glaçons.

Pop-corn coloré

Pour 6 personnes.

Le thermomètre à confiserie mentionné dans cette recette est utilisé pour mesurer la cuisson du sucre. Cet ustensile est vendu dans les magasins pour professionnels de la pâtisserie ou de la confiserie ou dans les grandes surfaces.

2 c. s. d'huile
110 g de maïs à pop-corn
440 g de sucre en poudre
250 ml d'eau
1/2 c. c. de colorants alimentaires

Faites chauffer l'huile dans une grande poêle. Faites cuire le maïs en couvrant et en remuant la poêle de temps en temps jusqu'à ce que tous les grains de maïs aient éclaté. Transférez dans un grand saladier. Mélangez le sucre, l'eau et les colorants alimentaires dans une grande casserole à fond épais. Remuez en cuisant sans faire bouillir jusqu'à ce que le sucre soit fondu. Portez à ébullition. Laissez bouillir sans couvrir environ 15 minutes ou jusqu'à ce que la température atteigne 154 °C sur un thermomètre à confiserie (cela doit craquer quand on laisse tomber un peu de mélange dans une tasse d'eau froide). Attendez que les bulles disparaissent.

Ajoutez du pop-corn en remuant pour le napper avec la préparation caramélisée. Quand le pop-corn a cristallisé et s'est séparé, étalez-le sur la plaque du four tapissée de papier aluminium.

Conservation
3 jours maximum dans un récipient hermétique.

Pop-corn coloré.

Boulettes de poulet au sésame.

Queues de singe

Pour 10 queues de singe.

5 petites bananes bien sucrées coupées en deux dans le sens de la largeur
200 g de pépites de chocolat au lait
2 c. s. d'huile
vermicelles de sucre colorés pour décorer

Insérez un bâtonnet de sucette dans la base de chaque moitié de banane. Faites fondre le chocolat dans un saladier moyen au-dessus d'une casserole d'eau frémissante. Ajoutez l'huile. Trempez une à une les bananes dans le mélange chocolaté, en utilisant une cuillère pour bien répartir la crème sur toute la surface. Décorez avec des vermicelles de sucre colorés, selon les goûts. Mettez sur un plateau. Couvrez et réfrigérez jusqu'à ce que le chocolat soit ferme.

Boulettes de poulet au sésame

Pour 18 boulettes.

170 g de blancs de poulet émincés
1/2 c. c. de sauce au poisson (nuoc-mâm) (facultatif)
1/2 c. c. de sauce chili sucrée (facultatif)
1 c. c. de jus de citron vert
1 gousse d'ail pilée
1 c. s. de feuilles de basilic découpées en lanières
2 c. s. de graines de sésame
huile pour friture

Mixez le poulet, les sauces, le jus, l'ail et les feuilles de basilic jusqu'à ce que le mélange soit bien homogène. Façonnez des boulettes avec une cuillère à café bien pleine de ce mélange, puis roulez-les dans les graines de sésame. Faites frire les boulettes de poulet jusqu'à ce qu'elles soient cuites à l'intérieur et légèrement dorées. Égouttez-les sur du papier absorbant.

Queues de singe.

Le menu de fête

Les fêtes que vous allez organiser vont bien évidemment dépendre de l'âge des participants. Veillez à tenir compte de celui de votre enfant, qui est après tout l'invité d'honneur.

En règle générale, les tout-petits n'ont pas besoin de fêtes très sophistiquées et si les adultes apprécient à leur juste valeur les heures passées à la cuisine, les petits y sont quant à eux complètement indifférents. Ils ont tendance à vouloir tout goûter, à picorer une ou deux bouchées de chaque préparation et provoquent un désordre incroyable, décourageant pour la cuisinière mais tellement prévisible !

Une fête est un événement convivial. Pensez à préparer également des en-cas pour les adultes. Veillez à ce que la nourriture pour les petits de 2 ans soit simple et n'utilisez pas trop de sucre. Les tout-petits, déjà assez excités par l'occasion, peuvent être énervés après un repas qui comprend trop d'aliments sucrés, et seront candidats à la crise de larmes avant d'aller au lit !

C'est à partir de 3 à 5 ans que les fêtes commencent à être vraiment amusantes pour les enfants, qui attendent l'événement avec impatience et apprécient l'idée de se déguiser ou de se plier à mille jeux. Impliquez votre enfant dans la préparation de la fête, par exemple en composant l'invitation ou en lui proposant de décorer des chapeaux ou de remplir de friandises des petits sacs cadeaux. Tenez compte de son opinion pour le choix du gâteau et pour le menu, mais n'oubliez pas que l'excitation sera au rendez-vous et qu'une grande partie des préparations ne sera pas mangée.

Les enfants aiment aussi emporter un petit sac de surprises avec eux. Ne prévoyez pas trop de sucreries. Des petits jouets pas chers, des petits articles fantaisie feront autant d'heureux.

Petites grenouilles vertes

Pour 12 grenouilles.

Vous aurez besoin de la recette qui se trouve sur le paquet de préparation pour quatre-quarts.

- **340 g de préparation pour quatre-quarts**
- **125 g de cacao en poudre**
- **185 g de beurre**
- **360 g de sucre glace**
- **2 c. s. de lait**
- **colorant alimentaire vert**
- **guimauve blanche**
- **pépites de chocolat**
- **Smarties**

Installez dans un moule à muffin à 12 trous (d'une contenance de 80 ml) des barquettes à muffins. Préparez le quatre-quarts en suivant les instructions sur le paquet. Ajoutez le cacao en poudre et mélangez bien. Répartissez le mélange dans les barquettes. Faites cuire à four moyen environ 25 minutes. Mettez les gâteaux sur une grille pour refroidir.

Pendant ce temps, battez le beurre fondu dans un saladier moyen avec un mixeur électrique jusqu'à obtenir une consistance homogène et lisse. Tout en continuant à mixer, ajoutez le sucre glace et le lait. Teintez avec le colorant alimentaire.

Surmontez les gâteaux du glaçage. Avec un petit couteau, découpez la forme d'une bouche dans chaque gâteau. Décorez avec des petits morceaux de guimauve blanche, des pépites de chocolat et des Smarties.

Conservation 3 jours maximum dans un récipient hermétique.

Congélation Possible pour les gâteaux sans glaçage.

Tortillons au fromage.

Tortillons au fromage

Pour 24 tortillons.

- **1 feuille de pâte feuilletée prête à cuire**
- **1 c. s. de sauce tomate**
- **60 g d'emmenthal râpé grossièrement**
- **2 c. c. de lait**

Coupez la pâte en deux. Étalez la sauce tomate sur une des deux moitiés. Saupoudrez de fromage. Surmontez le tout de l'autre moitié de pâte. Pressez un peu en appliquant la pâte.

Coupez la pâte en 12 bandes, et chaque bande en deux. Tortillez les bandes puis placez chacune d'elles à 2 cm d'intervalle sur la plaque du four légèrement huilée. Badigeonnez de lait. Faites cuire à four chaud sans couvrir pendant 10 minutes ou jusqu'à ce que la pâte soit dorée. Servez chaud ou à température ambiante.

Conservation 2 jours maximum dans un récipient hermétique.

Congélation Possible pour les tortillons non cuits seulement.

Cônes napolitains

Pour 12 glaces.

- **2 l de glace napolitaine : vanille, fraise et chocolat**
- **50 g de fruits confits verts coupés en petits morceaux**
- **50 g de fruits confits rouges en petits morceaux**
- **45 g de pépites de chocolat noir émiettées**
- **12 petits cônes de glaces carrés**
- **60 ml de chocolat noir fondu**
- **60 ml de chocolat blanc fondu**

Cônes napolitains.

Placez le tiers vanillé de la glace napolitaine dans un saladier moyen. Avec une écumoire, pressez sur la glace jusqu'à ce qu'elle soit molle. Ajoutez les fruits confits et les pépites de chocolat, et remuez afin de donner une consistance homogène. Remettez la glace couverte au congélateur jusqu'à ce qu'elle prenne. Juste avant de servir, placez environ deux cuillerées à soupe de glace au chocolat à la base de chaque cône de glace. Ensuite, mettez deux cuillerées à soupe de glace à la fraise au sommet du chocolat puis environ deux cuillerées à soupe de glace à la vanille. Parsemez le sommet de la glace avec du chocolat noir fondu légèrement refroidi puis du chocolat blanc fondu légèrement refroidi. Servez immédiatement.

Petites grenouilles vertes.

Croustillants au chocolat

Pour 18 personnes.

35 g de riz soufflé
55 g de sucre glace
20 g de noix de coco en poudre
2 c. c. de cacao
60 g de beurre
des petites décorations en sucre

Mélangez le riz soufflé, le sucre glace, la noix de coco et le cacao dans un grand saladier. Faites chauffer le beurre dans une petite casserole à feu doux jusqu'à ce qu'il ait fondu. Remuez en ajoutant le mélange de riz soufflé. Versez plusieurs cuillerées à soupe de ce mélange dans de petites barquettes en papier sulfurisé. Décorez avec les petites étoiles en sucre. Réfrigérez jusqu'à ce que le mélange ait pris.

Conservation Une semaine maximum au réfrigérateur, dans un récipient hermétique.

Rösti aux légumes.

Rösti aux légumes

Pour 20 rosti.

15 g de beurre
2 oignons nouveaux finement émincés
100 g de carottes grossièrement râpées
100 g de pommes de terre grossièrement râpées
2 c. s. de pignons
1 jaune d'œuf
2 c. s. de farine
2 c. s. d'huile

Faites chauffer le beurre dans une poêle moyenne. Faites cuire les oignons, les carottes, les pommes de terre et les pignons en remuant environ 5 minutes ou jusqu'à ce que les pommes de terre et les carottes soient tendres. Laissez-les refroidir. Ajoutez le jaune d'œuf et la farine. Façonnez des boulettes légèrement aplaties de la valeur d'une cuillerée à café bien pleines.

Faites chauffer l'huile dans une poêle moyenne. Faites frire les rosti, jusqu'à ce que les deux côtés soient dorés et cuits au centre. Égouttez-les sur du papier absorbant.

On peut les servir avec de la sauce aux prunes ou de la sauce aigre-douce.

Conservation
Couvrez et conservez au réfrigérateur
2 jours maximum.

Croustillants au chocolat.

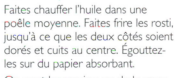

Granité à l'orange

Pour 8 granités.

- **4 oranges moyennes coupées en deux (720 g)**
- **80 ml d'eau froide**
- **165 ml de sucre en poudre**
- **250 ml d'eau chaude**
- **2 blancs d'œufs légèrement battus**

Pressez les oranges en mettant de côté les moitiés. Filtrez et mettez le jus de côté (vous aurez besoin de 500 ml de jus d'orange pour cette recette). Évidez et jetez la pulpe restante des moitiés d'oranges. Mettez de côté les moitiés évidées. Mélangez l'eau froide, le sucre dans une petite casserole. Faites chauffer en remuant sans faire bouillir, jusqu'à ce que le sucre soit dissous. Faites mijoter sans couvrir ni remuer pendant 4 minutes. Ajoutez l'eau chaude puis le jus réservé. Versez le mélange dans un moule en métal peu profond et couvrez de papier d'aluminium. Congelez jusqu'à ce que le mélange ait pris. Rapidement, mélangez avec les blancs d'œufs et mixez jusqu'à obtenir une consistance homogène. Remplissez de ce mélange les peaux d'oranges évidées, placez-les sur un plateau puis mettez-les au congélateur jusqu'à ce que le mélange ait pris.

Granité à l'orange.

Rochers

- **45 g de noix de coco en poudre**
- **200 g de petits bâtons de guimauve de toutes les couleurs**
- **105 g de fruits confits coupés en petits morceaux**
- **35 g de cacahuètes non salées grillées en petits morceaux**
- **375 g de pastilles de chocolat au lait fondues**

Beurrez un moule Lamington de 20 cm x 30 cm, tapissez-le de papier sulfurisé. Mélangez la noix de coco, la guimauve, les fruits confits et les cacahuètes dans un grand saladier (évitez les cacahuètes pour les enfants de moins de 5 ans). Ajoutez le chocolat. Répartissez le mélange dans un moule préparé. Couvrez et réfrigérez 30 minutes ou jusqu'à ce que la préparation soit ferme. Brisez en morceaux pour servir.

Conservation Une semaine maximum au réfrigérateur, dans un récipient hermétique.

Friandises aux fruits secs

Pour 25 boulettes.

- **50 g d'abricots secs finement émincés**
- **40 g de dattes finement émincées**
- **85 g de raisins secs finement émincés**
- **2 c. c. de fruits confits rouges coupés en petits morceaux**
- **2 c. s. d'eau bouillante**
- **50 g de lait écrémé en poudre**
- **45 g de noix de coco en poudre**
- **1 c. c. d'essence de vanille**
- **45 g de noix de coco en poudre supplémentaires**

Mélangez les abricots, les dattes, les raisins secs et les fruits confits dans un saladier moyen. Versez l'eau par-dessus et mélangez bien. Laissez reposer 10 minutes. Ajoutez le lait écrémé, la noix de coco et la vanille. Façonnez des boulettes, puis roulez-les dans le reste de noix de coco en poudre. Gardez au réfrigérateur jusqu'à ce que les boulettes soient fermes.

Conservation Une semaine maximum au réfrigérateur, dans un récipient hermétique.

Notre suggestion Les fruits confits se coupent plus facilement avec des ciseaux.

Croustillants aux raisins secs.

Croustillants aux raisins secs

Pour 18 croustillants.

- **15 g de beurre**
- **1 c. s. de miel**
- **1 c. s. de sucre roux**
- **30 g de corn-flakes**
- **40 g de raisins secs**

Placez 18 petites barquettes de papier sulfurisé sur la plaque du four. Mélangez le beurre, le miel et le sucre dans une petite casserole. Faites chauffer jusqu'à ce que le beurre soit fondu. Ajoutez les corn-flakes et les raisins secs. Mélangez doucement, versez plusieurs cuillerées à soupe de cette préparation dans les barquettes. Faites cuire à four moyen sans couvrir pendant 10 minutes ou jusqu'à ce que les croustillants soient dorés légèrement.

Conservation Une semaine maximum dans un récipient hermétique.

Friandises aux fruits secs ; rochers.

La mouette

Pour le gâteau

340 g de préparation pour quatre-quarts
planche préparée de 25 cm x 40 cm
1 dose de glaçage (voir page 113)
colorant alimentaire bleu roi

Les éléments de décoration sont vendus dans les magasins de bonbons en vrac.

Pour décorer

4 gaufrettes
6 bonbons acidulés en forme d'anneau
20 g de bonbons à la menthe troués
vermicelles de sucre roses, orange, jaunes et bleus
un petit bonbon vert
plusieurs mètres roulés de réglisse

Beurrez deux moules à cake longs de 8 cm x 26 cm, tapissez le fond avec du papier sulfurisé. Préparez le quatre-quarts selon les instructions indiquées sur le paquet. Répartissez le mélange équitablement entre les deux moules. Faites cuire à four moyen environ 35 minutes. Laissez reposer les gâteaux dans les moules pendant 5 minutes. Mettez-les sur une grille pour les faire refroidir.

Laissez un des gâteaux entier, coupez l'autre en trois, comme ci-contre dans l'image 1. Assemblez le gâteau comme ci-contre dans l'image 2 sur une planche pour former la mouette.

Réservez les trois quarts du glaçage. Colorez le reste du glaçage en bleu. Étalez sur les ailes de l'oiseau du glaçage bleu et sur le restant de l'oiseau du glaçage blanc. Saupoudrez l'aile avec des vermicelles de sucre bleus. Coupez les gaufrettes en triangles pour former le bec de l'oiseau et ses pieds. Réservez un bonbon acidulé pour l'œil. Coupez le restant des bonbons acidulés en forme d'anneau en deux. Enfoncez les bonbons à la menthe troués dans l'aile de l'oiseau qui ressembleront à des plumes.

Saupoudrez les vermicelles de sucre roses, oranges et jaunes en rayures fines le long de la queue. Coupez le mètre roulé de réglisse en morceaux. Délimitez l'aile et le bec avec un morceau de réglisse. Utilisez un autre morceau pour dessiner l'œil, remplissez de vermicelles oranges. Placez l'anneau acidulé dans l'œil, et remplissez le trou avec le bonbon vert.

On est plus forts à deux !

Pour le gâteau

2 x 340 g de préparation pour quatre-quarts
planche préparée de 35 cm x 45 cm
2 doses de glaçage (voir page 113)
colorant alimentaire orange
25 g de cacao

Pour décorer

plusieurs mètres roulés de réglisse
1 morceau de guimauve blanche
1 petit bonbon rond vert
2 petites feuilles découpées dans des animaux en gélatine verte
1 petit bonbon bleu coupé en deux
2 petits gressins
2 petits morceaux ronds de guimauve
50 g de pastilles de chocolat noir fondues

Beurrez un moule Lamington de 20 cm x 30 cm et un moule à cake long de 8 cm x 26 cm, tapissez le fond avec du papier sulfurisé. En utilisant les deux paquets, préparez les quatre-quarts en suivant les instructions sur le paquet. Versez dans les moules préparés. Faites cuire à four moyen environ 25 minutes pour les gâteaux en long et 40 minutes pour le moule Lamington. Laissez reposer les gâteaux 5 minutes, mettez sur des grilles pour refroidir.

Découpez les gâteaux comme ci-dessus. Placez-les sur la planche préparée.

Colorez trois quarts du glaçage avec du colorant orange, colorez le restant du glaçage en ajoutant du cacao tamisé.

Étalez sur le dessus et les côtés du gâteau du glaçage orange. Versez du glaçage au chocolat dans une poche à douille munie d'un petit embout en tube. Formez des taches sur le gâteau. Coupez le mètre roulé de réglisse en petits morceaux. Posez-les afin de délimiter les bords du gâteau et la bouche.

Coupez la guimauve en deux, laissez de côté une moitié. Placez le bonbon vert au sommet de la moitié restante. Avec la poche à douille, formez un point avec le bonbon bleu pour compléter l'œil. Placez-le sur la tête.

Insérez des cure-dents dans la base des petites feuilles en gélatine verte et mettez-les sur la tête. Trempez des gressins et des morceaux de guimauve dans le chocolat, placez-les sur la plaque du four tapissée de papier sulfurisé et laissez prendre. Placez les gressins à côté des feuilles en gélatine verte pour faire les antennes.

Du poisson pour trois

Pour le gâteau

2 x 340 g de préparation pour quatre-quarts

planche préparée de 25 cm x 40 cm

2 doses de glaçage (voir page 113)

colorant alimentaire bleu roi

Pour décorer

4 pastilles de menthe plates et rondes

4 bonbons rouges ronds

10 bandes acidulées orange

36 Smarties bleus

5 gaufrettes glacées

1 c. s. de vermicelles de sucre orange

plusieurs mètres roulés de réglisse

2 c. c. de vermicelles de sucre bleus

Beurrez deux moules à cake en couronnes de 20 cm, tapissez l'intérieur de papier sulfurisé. Utilisez les deux paquets de préparation et faites les quatre-quarts en suivant les instructions sur le paquet. Répartissez équitablement entre les moules. Faites cuire à four moyen pendant 45 minutes.

Laissez reposer dans les moules pendant 5 minutes et placez-les sur des grilles pour refroidir. Coupez des morceaux et assemblez-les comme indiqué ci-dessous (étapes 1 et 2). Placez les gâteaux sur une planche préparée. Colorez les deux tiers du glaçage en bleu avec le colorant alimentaire. Colorez le glaçage restant de bleu pâle.

Recouvrez le gâteau avec du glaçage comme sur l'image, réservez environ deux cuillerées à soupe de glaçage bleu foncé. Placez deux pastilles de menthe sur le glaçage bleu pâle pour faire les yeux. Utilisez les bonbons rouges pour décorer, faites des grosses pupilles aux yeux.

Coupez deux bandes acidulées en quatre morceaux découpés en nageoires. Assemblez deux nageoires ensemble avec un peu d'eau. Placez les nageoires au début du glaçage bleu foncé à chaque extrémité.

Coupez deux triangles de 5 cm x 9 cm dans les rouleaux. Joignez les triangles avec un peu d'eau. Placez sur le gâteau au centre de l'image 3 pour faire ressembler à une queue.

Coupez quatre bandes de 1 cm x 6 cm du restant des bandes acidulées, façonnez-en une des extrémités en courbe. Joignez deux morceaux avec un peu d'eau. Placez les bandes à chaque extrémité pour ressembler à une bouche. Placez les Smarties sur le gâteau pour ressembler à des ailerons. Coupez les gaufrettes en deux diagonalement. Placez huit morceaux de gaufrettes au sommet et au bas des bords extérieurs du gâteau comme le montre l'image pour former les épines

du poisson. Placez deux morceaux de gaufrettes restants sur les côtés du gâteau au-dessus des yeux.

Recouvrez les gaufrettes du glaçage restant. Saupoudrez les épines en gaufrettes de vermicelles de sucre orange.

Coupez le mètre roulé de réglisse en petits morceaux. Délimitez les nageoires, la queue et les joints du glaçage avec les morceaux du mètre roulé de réglisse. Saupoudrez les têtes bleu pâle avec des vermicelles de sucre bleus un peu écrasés pour donner l'impression de cristaux.

1

2

Le tigre se transforme en quatre

Pour le gâteau

340 g de préparation pour quatre-quarts
une planche préparée de 30 cm x 40 cm
2 doses de glaçage (voir page 113)
colorant alimentaire jaune

Pour décorer

plusieurs mètres roulés de réglisse
petits animaux en gélatine verte
2 Smarties roses
des biscuits nappés de sucre de 2 x 5 cm
4 morceaux de spaghettis
100 g de pastilles de chocolat au lait
petits animaux en gélatine rouge
6 Tic Tac à la menthe
10 bandes acidulées rouges

Beurrez un moule Lamington de 20 cm x 30 cm, tapissez avec du papier sulfurisé. Faites le quatre-quarts en suivant les instructions sur le paquet. Versez dans le moule préparé. Faites cuire à four moyen environ 25 minutes. Laissez reposer dans le moule 5 minutes. Mettez sur une grille pour refroidir.

Coupez le gâteau en trois parties égales dans le sens de la longueur. Coupez deux morceaux en trois morceaux comme dans le schéma 1. Assemblez les morceaux sur une planche préparée comme dans le schéma 2. Colorez le glaçage avec du colorant alimentaire jaune. Étalez le glaçage sur le dessus et le côté du gâteau, faites mousser le glaçage avec une fourchette pour ressembler à une fourrure.

Coupez les mètres roulés de réglisse en petits morceaux. Posez les lanières pour délimiter les sourcils, les yeux et la bouche. Découpez des animaux en gélatine verte pour former les sourcils. Placez les Smarties sur le gâteau pour former les yeux. Faites un point vert avec la gélatine verte restante pour compléter l'œil.

Coupez des morceaux de chaque biscuit, mettez de côté un petit morceau. Placez de plus gros morceaux de biscuit sur le gâteau pour former les joues et délimitez avec le ruban de réglisse.

Faites les moustaches en cassant des spaghettis en deux. Roulez-les dans le chocolat fondu pour enrober et placez-les sur le papier sulfurisé, laissez prendre.

Placez les moustaches spaghettis. Étalez sur le nez de la gélatine rouge découpée dans les animaux pour compléter. Utilisez les Tic Tac pour former les dents.

Coupez les bandes acidulées rouges en trois triangles et installez sur la tête pour faire la « frange ».

Coupez chaque gaufrette en cercle de 4 cm. Découpez dans les petits animaux en gélatine rouge des ronds de 4 cm et placez-les sur le sommet du gâteau, placez les lanières de réglisse sur chaque oreille pour compléter.

Pour le gâteau

340 g de préparation pour quatre-quarts
une planche préparée de 25 cm x 35 cm
2 doses de glaçage (voir ci-dessous)
colorant alimentaire rose, vert, noir, bleu et orange

Pour décorer

1 mètre roulé de réglisse rouge
1 mètre roulé de réglisse noir
un paquet de Tic Tac à la menthe de 15 g
2 pastilles rondes à la menthe
2 bonbons bleus pour décorer
2 confiseries en forme de bananes jaunes (on peut utiliser de la pâte d'amande)
2 petits bonbons verts en forme de framboises

Beurrez un moule à cake en couronne et un moule long à cake de 8 cm x 26 cm. Tapissez l'intérieur avec du papier sulfurisé. Utilisez les deux paquets et préparez les quatre-quarts selon les instructions. Répartissez le mélange entre les deux moules. Faites cuire à four moyen environ 25 minutes. Laissez reposer dans des moules 5 minutes. Placez sur des grilles pour faire refroidir.

Coupez le quatre-quarts pour faire la forme du cinq comme dans le schéma 1. Assemblez les morceaux sur une planche comme dans le schéma 2. Colorez la moitié du glaçage avec le colorant rose, un quart avec du colorant vert et le quart restant avec du colorant noir. Avec le restant du glaçage, colorez un tiers avec du colorant bleu et le reste avec du colorant orange.

Étalez au sommet et sur les bords extérieurs du gâteau rond du colorant rose. Avec le colorant vert restant, faites une bordure de 2 cm sur le bord intérieur du gâteau rond et au sommet du gâteau pour former la bouche. Étalez au sommet et sur les côtés du gâteau long du glaçage orange et sur la zone des yeux du glaçage noir. Versez le restant du glaçage vert dans une poche à douille avec un embout fin. Formez le nez sous le glaçage noir.

Versez du glaçage bleu dans une poche à douille propre munie d'un embout fin, faites 6 lignes pour séparer le glaçage rose du glaçage orange. Coupez un rouleau de réglisse noir en petits morceaux. Placez le rouleau de réglisse rouge pour faire la bouche et le noir pour les yeux. Coupez le restant du réglisse noir en petits morceaux pour faire les poils. Assemblez les Tic Tac pour former les dents. Placez des bonbons bleus sur les pastilles à la menthe pour former les yeux. Placez les bananes au-dessus des yeux pour faire les sourcils et les petits bonbons verts en forme de framboises pour faire les oreilles.

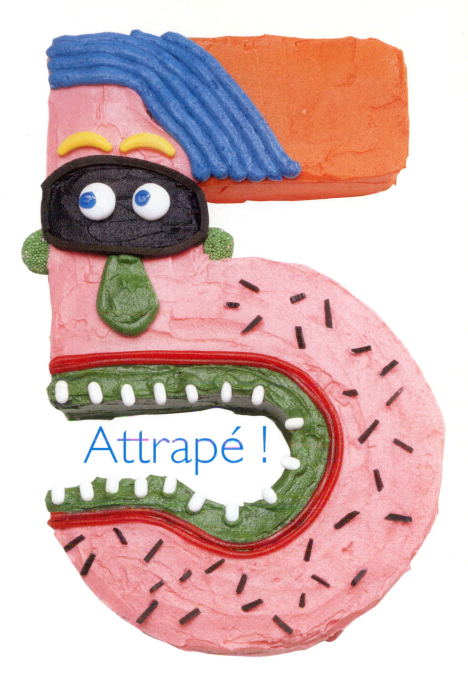

Attrapé !

Glaçage

125 g de beurre ramolli
240 g de sucre glace
2 c. s. de lait

Battez le beurre dans un petit saladier avec un mixeur électrique jusqu'à ce que la couleur soit claire. Tout en battant, ajoutez progressivement la moitié du sucre, puis le lait, puis le sucre restant. Parfumez et colorez comme vous le souhaitez.

Préparation des planches

Pour faire un gâteau facile à manipuler et attractif, placez-le sur une planche recouverte de papier décoratif. Nous avons utilisé des planches qui correspondent à la taille du gâteau. Si vous utilisez de l'aggloméré ou une autre matière solide, coupez votre papier 5 cm ou 10 cm plus large que la forme de la planche.

Glossaire

Son non raffiné

Riz mixé

Semoule

Babeurre

Liquide résultant du battage de la crème dans la préparation du beurre. Vendu en grande surface.

Blanchir

Cuire partiellement les aliments (d'ordinaire les légumes et les fruits) très brièvement dans de l'eau bouillante, puis les égoutter et les plonger dans l'eau froide.

Céréales

Paillettes de son Céréale de petit déjeuner faite de son non raffiné enrichi de vitamines.

Son non raffiné Fait de la partie externe d'une céréale, le plus souvent l'enveloppe du blé, du riz ou de l'avoine.

Céréales de petit déjeuner On en trouve une grande variété dans les grands magasins. Elles se composent le plus souvent de céréales complètes, de sel, de sucre, d'extrait de malt et de divers minéraux et vitamines. Ce type de céréales comprend aussi les grains de riz soufflés, les corn-flakes et les flocons d'avoine.

Müesli Mélange de céréales et de fruits secs, à consommer nature ou avec du lait ou un yaourt au petit déjeuner.

On le trouve plus particulièrement dans les magasins diététiques, mais également dans les grandes surfaces.

Chocolat

À base d'amandes de cacao grillées et broyées avec du sucre, de la vanille ou tout autre ingrédient parfumé, le chocolat est vendu sous des formes très variées : tablettes, poudre, pastilles, pépites…

Pastilles Composées de chocolat noir, au lait ou blanc, on peut les faire fondre dans des préparations. Vendues dans les grandes surfaces.

Chocolat noir

Pastilles de chocolat au lait

Pastilles de chocolat blanc

Pépites de chocolat noir

Pastilles de chocolat noir

Pépites Contrairement aux pastilles, les pépites de chocolat gardent leur forme à la cuisson. Vendues également dans les grandes surfaces.

Cinq-épices

Mélange parfumé de cannelle, de clous de girofle, d'anis étoilé, de poivre du Sichuan et de fenouil. En poudre.

Citronnelle

Herbe longue, touffue, au goût et à l'odeur de citron. On hache l'extrémité blanche des tiges. Utilisée dans de nombreuses cuisines asiatiques, ainsi qu'en tisane.

Coco

Crème Première pression de la chair mûre des noix. Disponible en boîte ou en berlingots.

Lait Deuxième pression (moins calorique). Disponible en boîte ou en berlingots. On trouve aussi du lait de coco écrémé.

Colorants alimentaires

Sont vendus en liquide, en poudre ou en pâte concentrée dans les grandes surfaces.

Curry

Feuilles On les trouve fraîches ou sèches. Elles

ont un léger goût de curry. Employées comme les feuilles de laurier.

Pâte Certaines recettes de cet ouvrage requièrent des pâtes de curry vendues dans le commerce, plus ou moins relevées, de la sauce Tikka, assez douce, à la Vindaloo, très épicée, en passant par la Madras, moyennement forte. Choisissez celle qui vous convient selon vos goûts en la matière.

Poudre Mélange d'épices moulues, commode pour préparer des plats indiens. Comporte, dans des proportions diverses, du piment séché, de la cannelle, de la coriandre, du cumin, du fenouil, du fenugrec, du macis, de la cardamome et du turmeric. Choisissez celle qui vous convient.

Feuilles de riz

Faites de riz et d'eau, parfois avec ajout de tapioca, et façonnées en feuilles rondes avec un motif de trame de tissu. Pour les assouplir et pouvoir les travailler, il faut les faire tremper rapidement dans de l'eau tiède. On les trouve dans les magasins de produits asiatiques.

Filo (pâte)

Feuilles de pâte grecque ultra-fines, vendues fraîches ou congelées. Faciles à utiliser. Elles se prêtent aussi bien aux plats salés que sucrés. On peut les remplacer par des feuilles de brick.

Barres de céréales

Corn-flakes

Flocons d'avoine

Paillettes de son

Riz soufflé

Müesli

Oignon rouge

Oignon nouveau

Oignon brun

Glace napolitaine

Glace comprenant un assortiment de trois parfums, habituellement, la fraise, la vanille et le chocolat.

Gressins

Petits pains croustillants, en forme de petits bâtonnets.

Huile

Arachide À base de cacahuètes moulues. La plus utilisée dans la cuisine asiatique parce qu'elle chauffe sans fumée.

Olive Celles de meilleure qualité sont vierges ou extra-vierges et proviennent du premier pressage de la récolte. Excellentes dans les salades et comme ingrédient. Les « légères » ont moins de goût, mais contiennent tout autant de calories.

Sésame À base de graines de sésame blanches rôties et pilées. Plus pour parfumer que pour cuisiner.

Végétale À base de plantes et non de graisses animales.

Kumara

Patate douce de couleur orange. Vendue dans les magasins de produits exotiques.

Lait maternisé

Lait maternel reconstitué vendu sous forme de poudre dans les grands magasins et les pharmacies.

Lait ribot

Voir Babeurre.

Lavash (pain)

Pain méditerranéen plat, sans levure. Vendu en grandes feuilles sous cellophane dans les supermarchés.

Vermicelles de haricots mungo

Vermicelles de riz

Nouilles chinoises

Préparez vous-même votre bouillon

Vous pouvez faire ces recettes de bouillon jusqu'à 4 jours à l'avance, puis les conserver au réfrigérateur. Avant de réchauffer un bouillon qui a passé la nuit au froid, pensez à retirer la graisse qui s'est solidifiée à la surface. Si vous voulez le conserver plus longtemps, congelez-le en plusieurs portions.

Il existe bien sûr des bouillons prêts à l'emploi en briques, en cubes ou en poudre. Pour vous donner une idée, 1 cuillerée à café de bouillon en poudre ou 1 bouillon cube délayés dans 250 ml d'eau donneront un bouillon assez fort. Mais attention aux grosses quantités de graisses et de sel dans les bouillons industriels !

Toutes ces recettes donnent environ 2,5 l de bouillon.

Bouillon de bœuf

2 kg d'os à moelle
2 oignons (300 g)
2 branches de céleri hachées
2 carottes (250 g) hachées
3 feuilles de laurier
2 cuillerées à café de grains de poivre noir
5 l d'eau, puis 3 l d'eau

Mettez les os et les oignons hachés dans un plat à four. Faites dorer à four chaud (220 °C ; th. 6) environ 1 heure. Puis mettez-les dans une grande casserole avec le céleri, les carottes, le laurier, le poivre et 5 l d'eau. Laissez mijoter 3 heures. Ajoutez 3 l l'eau et laissez mijoter encore 1 heure. Filtrez.

Bouillon de poule

2 kg de carcasse de poulet
2 oignons (300 g) hachés
2 branches de céleri hachées
3 feuilles de laurier
2 cuillerées à café de grains de poivre noir
5 litres d'eau

Mélangez tous les ingrédients dans une grande casserole. Laissez mijoter 2 heures. Filtrez.

Bouillon de poisson

1,5 kg de carcasse de poisson
3 litres d'eau
1 oignon (150 g) haché
2 branches de céleri hachées
2 feuilles de laurier
1 cuillerée à café de grains de poivre noir

Mélangez tous les ingrédients dans une grande casserole. Laissez mijoter 20 minutes. Filtrez.

Bouillon de légumes

2 grosses carottes (360 g) hachées
2 gros panais (360 g) hachés
4 oignons (600 g) hachés
12 branches de céleri hachées
4 feuilles de laurier
2 cuillerées à café de grains de poivre noir
6 litres d'eau

Mélangez tous les ingrédients dans une grande casserole. Laissez mijoter 1 h 30. Filtrez.

Lentilles corail

Lentille orange très petite originaire du Moyen-Orient et que l'on trouve dans tous les magasins de produits exotiques.

Noix de pécan

Originaire des États-Unis. Elle est plus huileuse que la noix ordinaire. On la trouve dans les grands magasins et les magasins diététiques.

Nouilles

Aux œufs frais À base de farine de blé et d'œufs. Il en existe toute une variété.

Au riz, fraîches Larges, épaisses, presque blanches. À base de riz et d'huile végétale. Doivent être couvertes d'eau bouillante pour éliminer l'amidon et l'excédent de graisse. Utilisées dans les soupes, ou sautées.

De soja Blanches, vendues sous forme de petits paquets ficelés dans les épiceries asiatiques. À consommer dans les soupes, les salades, ou sautées avec des légumes.

Hokkien Nouilles de blé fraîches ressemblant à un épais spaghetti brun-jaune. Doivent être précuites.

Instantanées Cuisent en 2 minutes. Se vendent en petits paquets avec un sachet d'assaisonnement.

Soba Nouilles japonaises fines à base de sarrasin.

Vermicelles de riz À base de riz moulu. Les consommer soit frites, soit sautées après les avoir fait tremper, ou bien dans une soupe.

Pappadum

Sorte de pain plat indien à base de farine de riz et de farine de lentilles, d'huile et d'épices.

Pita

« Poche » de pain libanais qui se divise aisément en deux que l'on peut garnir à sa convenance.

Potimarron

Courge de la famille du potiron mais qui présente un goût plus prononcé de châtaigne.

Ricotta

Fromage frais italien au goût très doux. Vendu dans les magasins spécialisés et dans les grandes surfaces.

Kiwi

Sagou

Fécule de grains de sagoutier ou arbre à pain. Ressemble au tapioca.

Sauce

Aigre-douce Sauce sucrée salée vendue dans les magasins de produits asiatiques.

Chili sucrée Sauce thaïlandaise sucrée faite de piments, de sucre, d'ail et de vinaigre. Vendue dans les magasins de produits asiatiques.

Worcestershire Sauce épaisse brune et épicée utilisée avec la viande ou comme condiment. Produit anglo-saxon que l'on trouve dans les grandes surfaces.

Aux prunes Sauce épaisse, aigre-douce, faite de prunes, de vinaigre, de piment et d'épices. Vendue

dans les magasins de produits asiatiques.

Nuoc-mâm Sauce faite de poisson séché, salé et fermenté au goût fort. Vendue dans les magasins de produits asiatiques comme la sauce aux huîtres.

Tahin

Pâte riche à base de graines de sésame broyées. Sert à la confection de l'houmous et des sauces du Moyen-Orient.

Tortilla

Pain fin, rond, sans levain, originaire du Mexique. Parfois fait de farine de froment et parfois de farine de maïs. C'est également le terme employé pour désigner en Espagne, une omelette épaisse aux pommes de terre. Vendu dans les magasins de produits exotiques ou les grandes surfaces.

Vermicelles

De haricots mungo Vermicelles à base de haricots mungo, très fins, vendus dans les magasins de produits asiatiques.

De riz Vermicelles à la farine de riz, vendus séchés dans les magasins de produits asiatiques.

Kumara

Index

• MARABOUT CHEF •

Traduit et adapté de l'anglais par :
Catherine Roussey

Packaging :
Domino

Relecture :
Aliénor Lauer

Marabout
43, quai de Grenelle – 75905 Paris Cedex 15

Publié pour la première fois en Australie
en 1999 sous le titre :
Babies and Toodlers: Good Food

© 1999 ACP Publishing Pty Limited
Photos de 2e de couverture et page 1 : © Photonica - Neovision
© 2000 Marabout Édition/Hachette Livre pour la traduction et l'adaptation

Dépôt légal n° 46394 / Avril 2004
ISBN : 2501035321
NUART : 4032058 / 06

Imprimé en Espagne par
Gráficas Estella.